日本人なら身につけたい

品性がにじみ出る言葉づかい

菅原 圭

KAWADE 夢新書

河出書房新社

カバーイラスト◉朝倉めぐみ

失くしたくない、相手の心に届く温かなものの言い方——まえがきにかえて

◈日本人は「言葉じょうず」「言い方じょうず」だった

会社や学校で、どうも人間関係がうまくいかない。心を許せる親しい友達ができないという人が増えている。うつなど心を病む人も増加の一途《いっと》をたどっている。こういった状況は、言葉の使い方がお粗末になってしまっていることと無関係ではないように思う。「ものはいいよう」という。少し前まで、日本人は、「言葉じょうず」「言い方じょうず」で通っていた。

相手と直接的な対決を避けるちょっと遠まわしな表現や、あえてピントをぼかした巧みな表現、相手を傷つけないようにと気づかう温かな物言いをしていたものである。見知らぬ人であっても、「袖《そで》振り合うも多生《たしょう》の縁」といい、すれ違いざまにひと言、さりげなく言葉をかける。だからといって、必要以上に深入りしたり、ずるずるあとに引きずるわけではない。そんな絶妙な距離感をわきまえた会話のコツや、自分の身の置き方を、

だれもが当たり前のように身につけていたものだった。

だが最近は、こうした温かな言葉を聞くことが少なくなった。

相手の心情など考えず、自分のいいたいことをストレートにいうだけ。それでも、言葉があればまだいいほうで、何もいわずに、自分のやりたいことだけをやりたい放題にやって終わり、ということもめずらしくない。

言葉とは、もともと、自分の思いを相手に伝える手段であったはずだ。相手への思いがこもった言葉が聞かれなくなったということは、だれもが心づかいや心配《くば》りをおろそかにするようになり、他人に深い関心を持つことがない、そっけない世の中になったということを示しているように思えてならない。

◈「言葉なさけ」に触れて、人は、自分に注がれる優しい目線を知る

急に雨に降られた。そんなときは、「ちょうどよいおしめりですね」といい交《か》わす。混み合っているところでは、「お膝《ひざ》送りを」といって少しずつ間を詰め、一人でも多く腰かけられるように配慮する。

だれかが外から帰ってきたら、ただ、「お帰り」だけではなく、「お帰りなさい。寒かっ

たでしょう」とひと言をプラスする。宅配便が届いたら、「暑いところ、ご苦労さま」と配達員に言葉をかける――。

どうしても必要なひと言というわけではないのだが、その言葉を加えると、少しだけ、相手の心が温まる。相手が温まれば自分もほっと心が和《なご》む。そんなひと言を、大正生まれの私の母は「言葉なさけ」といっていた。

そして、「あなたの言い方には言葉なさけが足りない」とか、「そういうときは、こんなふうにいうのが言葉なさけというものよ」などと、母の注意には、しばしば「言葉なさけ」という言葉が登場した。

「言葉なさけ」はリップサービスとは違う。リップサービスは相手をヨイショする言葉。お世辞《せじ》や追従《ついしょう》で、文字どおり、口先だけの〝サービス〟をいう。

それに対して、言葉なさけは相手を思いやり、気持ちを和ませる言葉や、相手を元気づける言葉をかけること、あるいは、会話が心地よく聞こえるやわらかな言葉や、できるだけ美しく聞こえる表現を選ぶことなどをいう。

また、たとえば、飛行機や列車に乗ったとき、荷物を棚に載せようとしている人のそばを通りかかった。そんなとき、見知らぬ間柄であっても、「大丈夫ですか？」と声をかける。

すると相手は、「はい、大丈夫です。ありがとうございます」と答えたりした。こうしたやりとりもまた、「言葉なさけ」のうちに入る。

このちょっとした会話があるだけで、人は、自分に注がれるやさしい目線のあることを知り、あらためて、人と人が支え合い、助け合って生きていることをたしかに感じ、ほっと心が温まり、和むのである。

◈現代人が身につけたい言葉の力

少し前の日本では、こうした、「言葉なさけ」のある何げない会話が、もっとひんぱんにやりとりされていた。家族や仕事仲間の間ではもちろん、乗り物の荷物の例のように、知らない人に対しても、心づかいあふれるやりとりが、ごく自然に行き交っていたのである。

「言葉なさけ」には、人と人とのつき合いがギスギスすることなく、できるだけ和やかに保とうとする知恵もあふれている。

もちろん、時代が変わり、人間関係の質も大きく変わった。最近では、知らない人にわけもなく話しかけられるのはおせっかい、いや、よけいなお世話だと感じる人も少なくないだろう。

だから、「言葉なさけ」を昔のままに復活させようというわけではない。現代には、現代のほどよい人間関係の距離感がある。その距離感を保ちながら、気持ちは温かく交流させる。そんな、現代の「言葉なさけ」を見いだすことはできないだろうか。

こうした思いから、この本では、昔ながらのつき合い方になじみのない人もすぐに使える、便利かつ温かな心づかいに裏打ちされた言葉や言い回しを集めてみた。どれも短いので、覚えてしまえばさほどむずかしいものではない。

言葉は、いうならば、とっさに口から飛び出してしまうものだ。つまり、日頃が大事なのである。ぜひ、本書を身近に置き、折にふれて開いていただけたらと願っている。

そうしているうちに、気がつけば、とっさに口から出る言葉に「なさけ」があふれ、人間関係での失敗は目に見えて減っていくのではないだろうか。その結果、気持ちよく仕事ができるようになり、毎日の暮らしも心地よいものになるだろう。

言葉には、それだけ温かく大きな力があるからだ。

菅原　圭

日本人なら身につけたい品性がにじみ出る言葉づかい／目次

1章 仕事や交渉ごとがなめらかに進む言葉づかい

2章 出会い、人づき合いを心地よくする言葉づかい

3章　言いにくいことも穏やかに伝わる言葉づかい

4章 美意識、こまやかさを感じさせる言葉づかい

5章 相手の心を和ませ好感を抱かせる言葉づかい

6章 会話を味わい深くする古きよき絶妙な言葉づかい

1章

仕事や交渉ごとがなめらかに進む言葉づかい

ビジネストークは、ともすると事務的で味けないものになりがちだが、ビジネスも尽きるところ、人と人との関係で進められていくもの。

仕事力の最大の要素のひとつといっても過言ではない、コミュニケーション力。伝えたいことを要領よく、わかりやすく伝えるスキルと同時に求められるのが、相手の気持ちを和《なご》ませ、こちらの好感度もアップする言葉がけのタイミングや表現だ。

仕事をスムーズに進める簡潔で端的な言葉の間に、たがいに相手に対する心づかいを伝える言葉をさりげなく織り込むと、シビアなはずのビジネスを進めるのでも、なんとなく気分がよくなる。そして、仕事が終わったあとも、親しい人間関係が残るのではないだろうか。

同じことを伝えるにしても、相手の心にやわらかく響き、ふわっと温かな気分にさせる、そんな言葉やものの言い方を覚えておきたい。

力不足ですが――●引き受ける気満々でも、このひと言を添えたい

何かを依頼されたとき、十分な自信がある場合もそれをそのまま口に出すと、傲慢《ごうまん》だと思われかねない。謙虚な姿勢を伝えるときに知っておきたいひと言とは。

入社五年目で、大きな仕事を命じられた。そんなとき、腹のなかでは「ようやく、オレの力が評価されたか！」とはやる気持ちがあっても、表向きは謙虚に対応するのが、社会人として求められる思慮《しりょ》ある態度だといえよう。そんなとき、使いたい言葉が「力不足ですが」である。

「力不足ですが、一生懸命やらせていただきます」と答えれば、あくまで控えめでありながらも、前向きに取り組もうという強い気持ちも伝えることができる。自信や実力は、仕事の結果で示せばいいのだ。

「力不足ですが」は文字どおり、自分の力を超えた依頼を受け、自分にはできないということを伝えるときにもよく使う。「せっかくお声をかけていただいたのですが、私では力不足で、申し訳ありませんがお断りいたします」などと使う。

「力不足」と間違えやすい言葉に「役不足」がある。これは、その人の力量に比べて与えられた役目や仕事が軽すぎることを意味する言葉なので、使い分けには注意したい。

謙遜《けんそん》したつもりで「その仕事は、私には役不足です」というと、「その仕事は、自分の実力に比したら軽すぎる。不服です」と訴えていることになってしまう。聞いたほうは、「なんだ、アイツは傲慢な」と受け取り、周囲の反感を買う結果にもなりかねない。

「役不足」を使うのは、もっぱら自分以外の人に対してである。たとえば、「このプロジェクトは、課長には役不足です」といえば、課長の実力ならば、もっと大きなプロジェクトのリーダーになってもよいはずです、という意味になる。

こういわれれば、課長は内心、にんまりとするはずだ。

お知恵を拝借《はいしゃく》したい

●目上の人に相談したいときは、こういう

仕事で壁にぶつかった。上司や同じような仕事の経験者に、壁を突破するヒントを教えてほしい。そんなとき、「甘ったれるな」といわれないものの言い方とは。

上司との関係をうまく保つカギは、「ホウ・レン・ソウ」（報告・連絡・相談）を密にする

ことだといわれる。そんな「ホウ・レン・ソウ」のなかで、いちばんむずかしいのが、「ソウ」だ。

なんでもかでも相談すれば、「甘ったれるな」といわれそうだ。だが、だからといって、どこまで独断で進めてよいのかの見当もつきにくい。

結論からいうと、そんなときはひと言、相談を持ちかけたほうがうまくいくことが多いものだ。別に上司に相談するほどでもないと思うことであっても、だ。部下に頼られて悪い気持ちになる上司はいないと、断言してもいい。

そんなとき、意外にむずかしいのが話しかけ方だ。「あのー」では「何か用か。いま忙しいんだが」と断られてしまいそうだし、「ちょっとご相談が……」では響きが重すぎる。

「ちょっとお知恵を拝借したいのですが……」は、目上の人に相談を持ちかけたり、助言を求めるときに、ひと言添えるとあとの言葉を続けやすい。

「お知恵」という言葉の響きは相手の気持ちをほんわりくすぐるものだし、「ちょっと」がついているから、軽く考えを聞かせていただきたいというニュアンスにもなり、重々しさもない。

当たり前だが、〝お知恵を借りた〟あとは、きちんとお礼を述べることも忘れないようにしたい。

「ありがとうございました。おかげで、A社に提出する企画の攻めどころがはっきりしました」「ありがとうございました。さっそく、今のご助言を生かしてラフ案をまとめてみます」のように、具体的に何が役立ったか、何がありがたかったかを述べると相手にきちんと響くお礼になる。

「知恵を借りる」は、同僚や部下に相談するときにも便利な言葉である。「ねぇ、ちょっと知恵を貸してくれる？」と声をかけられれば、そっけない返事はできにくいからだ。

お役に立てず…

●相手の依頼を断るときに添えたいひと言

相手が困っているのは重々わかるが、こちらにも事情があって依頼を受けられないときに、ただ断るのではぶっきらぼうにすぎる。では、どういったらいいか？

相手の依頼や申し出を受けられないというときは、かりに先方の申し出がかなり無理なものであっても、「せっかく、声をかけてもらったのにその厚意を受けられない」というニュアンスを添え、あくまでも謙虚に、姿勢を低くして対応するほうがよい印象を残す。

「お役に立てず、申し訳ありません」は、そんなときに使いたい常套句《じょうとうく》。「お役に立てず」ということで、こちらの力不足であったというニュアンスが伝わるからだ。

たとえ親しい友人からの借金、いや、事実上の金の無心を断る場合でも、「役に立てず、悪かったな」といえば、相手を傷つけることがなく、断られたほうのメンツも保てる。

断ったときには、別れぎわに、「これに凝《こ》りず、今後ともどうぞよろしくお願いいたします」とか、「今後とも、お見捨てなく、よろしくおつき合いください」などと、今後も取引を続けたい意思をそれとなく伝えるようにする。

こういわれれば、相手も「こちらこそ、今後ともよろしく」と応じるはず。こうしたひと言こそが、豊かな人間関係をつくる一助になるのだ。

お供させていただきます

◉上司や得意先の人と同道するときに

上司に「A社に行くから同行するように」といわれた。あるいは、用件は別なのだが、同じ訪問先に行くことがわかり、同道することになった。そんなときに使う言葉。

プレゼンなどで、取引先に上司と一緒に出かけることになった。そんなとき、「あ、ご一緒させてください。よろしくお願いいたします」といえば、十分礼を尽くせた、と思い込んでいる人も少なくない。

ビジネスシーンではどんな場合も、目上の人には敬意を示す言葉を使うことが原則だ。「ご一緒させていただきます」では、十分な敬意を表したとはいえない。「一緒」では立場が同じことになるからだ。

こうした場合には、「お供させていただきます」「お供させてください」というと、「おっ、言葉の使い方を心得ているな」と好印象を与えることができる。

とくに、得意先と一緒に出かけるようなときは、相手が訪問先に用事があり、こちらが案内するというような場合でも、「お供させていただきます」が決まり文句だと心得ておきたい。

「お供」とは、もともと身分制度の厳しい武家社会において、主君に従う者を表す言葉だった。「お供させていただきます」は得意先や上司を「主君」に見立て、自分は「従者」であるという表現になり、相手に対する十分な敬意を表すことになるわけである。

組織のなかでも、上司と部下、得意先と出入りの会社という関係は、〝主従〟関係を思わせる縦の関係だと思っているくらいのほうが、つき合いはスムーズにいくことが多い。

同じ意味から、先生と弟子の関係でも、「お供させていただきます」「お供させてくださ い」という言葉を使うと、好感度がアップする。

お姑《しゅうとめ》さんと外出するときにも、「お供させていただきます」といってみては？　時代遅れといわれそうだが、このひと言で、あなたは控えめなよい嫁、それに言葉づかいもきちんとわきまえていると評価され、かなりのポイントを稼げるはず。ものはいいようなのである。

ご足労《そくろう》をおかけいたします——●相手に来社を請《こ》うときなどに

自分のほうが立場が上でも、相手にこちらに来てもらいたい場合には、それなりに礼を尽くした言葉を使うのが大人のマナー。そんな気持ちを、この言葉で表現したい。

相手に来社を請うとき、「午後イチに来てください」とだけいえば、呼びつける感じがして、たとえ発注側の言葉だとしても、いかにも権柄《けんぺい》ずくになってしまう。

こういうときに、「ご足労をおかけいたします」とひと言添えるといい。いわれたほうは、呼びつけられたという印象が不思議となくなるのだ。

ビジネスシーンでは、部下が上の立場の人のところに行く、あるいは、受注側が発注側に出かけていくのが当たり前だ。ところが、現場を見てほしい場合など、上司が部下のポジションまで行ったり、発注側が製作現場まで出向いたりすることもしばしばある。

こうした場合に、「ご足労をおかけいたします」は、絶対に忘れてはならないひと言だ。「ご足労をおかけし、恐れ入ります」「ご足労をおかけし、申し訳ありません」というと、さらに行き届いた挨拶になる。こんな挨拶をされれば、相手はていねいな挨拶にすっかり満足し、あなたの印象点も大幅にアップするはずだ。

「わざわざお運びいただき、ありがとうございました」「お運びいただき、恐れ入ります」という表現もある。

お言葉に甘えて

●相手の申し出を受け入れるときは、このひと言を

相手の厚意からの申し出を受けるときに、必ず添えたい言葉。厚かましい印象が消え、控えめでありながら、喜んで申し出を受けるという印象になる。

訪問先で思いがけず長居をし、昼食時や夕食時になってしまった。そんなとき、「お食事

でもいかがですか」と声をかけられた。あるいは、相手が出してくれたものに手をつけなかったところ、「どうぞ、お持ち帰りください。お子さまたちにでも……」といわれた。

そんなとき、「ありがとうございます。では……」と膝《ひざ》を乗り出すだけでは、大人としては言葉が足りない。相手も、なんだか味けないと感じたり、物足りない返答だと感じるだろう。「お言葉に甘えて」は、そんなときにひと言添えるとよい言葉だ。

「それでは、お言葉に甘えて、ご相伴《しょうばん》させていただきます」とか「お言葉に甘えて、頂戴《ちょうだい》いたします」というと、より完璧な応答になる。

「お言葉に甘えて」という言葉を添えると、〝ちょっと厚かましいかもしれませんが、せっかくおっしゃっていただいたので〟というニュアンスが加わる。その結果、厚かましい印象が払拭《ふっしょく》されるのである。

食事をご馳走になったあとなどに、「お言葉に甘えて、すっかりご馳走になってしまいまして」のように使うこともある。また、何かをあげた側にしても、「お言葉に甘えて」といわれると、ていねいで行き届いた応答だと満足感が深まる。

よく「では、遠慮なく」という人があるが、「遠慮なく」は、よほど親しい場合以外は使わない。親しい友達や同僚などに限定で使うものと覚えておくくらいで、ちょうどよいだろう。

甥《おい》が、就職の世話をしてもらった叔父さんに、ご馳走したいといってきた。そんなとき、叔父にあたる人は「遠慮なくご馳走になるとするか」という。こんなやりとりがあると、甥は、一人前に扱ってもらえたと、かえってうれしく感じるものだ。

遅ればせながら

●人より遅れて参加するときなどに

人より遅れて参加したり、遅れて何かを始めたりするときなど、ひと言、遅くなってしまったという気持ちを表したい。そんなときに使いたい言葉が、これだ。

なぜか、情報が自分を素通りしていってしまうことがある。

かわいがっていた後輩が結婚したことを、かなりあとになって人づてに耳にした。自分が長期海外出張に出ていた間のことらしい。さっそく、お祝いを贈りたいが、「今ごろになって……ちょっと間が抜けているかもしれない」という気持ちも混じる。

そんなときは、祝いの品に添えるメッセージカードに「結婚おめでとう。遅ればせながら、結婚のお祝いまでに、二人の好きなシャンパンを贈ります。きっと気に入ってもらえると思います」などと書いたりする。

「遅ればせ」とは、「遅れて馳《は》せ参じること」から発展した言葉。戦国時代は、主と仰ぐ武将が参戦を宣言すると、その主のもとに馳せ参じ、功を競って働くのが武家の習いだった。このとき、馳せ参じるのが早ければ早いほど忠誠心が強い証《あか》しとされた。

そんななか、道のりが遠い、兵を参集するのに時間を要したなどの理由で駆けつけるのが遅れた場合、「遅れ馳せながら」と挨拶した。それがこの言葉の起源である。

「遅ればせながら」と反対に、人に先んじて何かをするときは、「少々、先走りすぎるかもしれませんが」という。これも、戦国時代に使われた言葉の名残《なごり》である。

遅まきながら――◉何か新しく始めたことを人に伝えたいなら

「六十の手習い」ではないが、定年退職後にピアノを始めたり、大学へ通ったりする人が増えている。人より遅れて始めたことを伝えるときに、ちょうどよい言葉とは？

「遅ればせながら」と同じような言葉だが、「遅まきながら」と「遅ればせながら」は使い方がはっきり異なる。

「遅まきながら」の「まき」は、漢字で書くと「蒔き」。つまり、本来の種蒔き時より遅れて種を蒔くことからきた言葉。普通より遅いスタート、人より遅れて始めることをいう。したがって「遅まきながら」は、けっして、他人に対する行為には使わない。つまり、「遅まきながら、お祝いを」とは使わないので注意しなければいけない。

「今年、とうとう三〇代に突入なんです。遅まきながら、今年は英語検定に挑戦しようと思っています」などと、必ず自分の行為に対して使う。

ご無用に――●「いらない」という意思をやんわり伝える言葉

自宅に人を招くとき、手みやげはいらないとか、友人などに結婚や出産のお祝いは気にしないでということを、傷つけることなく伝えたい。そんなときに重宝するひと言。

夫と二人暮らしのところに、大きな箱入りのお菓子をもらっても、もてあましてしまう。そんな場合でも、「どうぞ、手ぶらでいらしてください」とはいいにくいもの。

こういうときには、「お心づかいはご無用に。どうぞ、お気軽にお運びください」といえば、相手が目上でも失礼には当たらない。

「ご無用に」とは、相手に心づかいをさせたくないという思いを伝えるときによく使われる言葉。「うちには用はありませんよ」、つまり「お断り」という意味になるわけだが、「いりません」「お断りします」「結構です」といわれるよりも、やわらかな響きになるため、カドが立たない。

亡くなった方をしのぶ会に招かれたところ、案内状に、「供物《くもつ》・供花《くげ》などのお心づかいはご無用にお願い申し上げます」とある。こうした場合は、「供物・供花などはいりません（お断りします）」という意味になることを知っておきたい。

こう書かれているのに供物や供花を持参するのは、かえって礼に反することになるからだ。会場の都合があるのかもしれないし、あるいは香典として現金で受け取り、福祉事業に寄付したいと考えているなど、相手の意向を汲《く》み取らないことになってしまう。

「ご無用に」が使われ始めたのは江戸時代から。当時は虚無僧《こむそう》が門口に立ち、尺八を吹いては喜捨《きしゃ》（寺社に寄進をすること。転じて、分相応の施《ほどこ》しをすること）を求めることがあった。そんなとき、喜捨する気持ちがない、あるいは余裕がない家では、「ご無用に」（この家には用がありません。どうぞ、ほかの家にお回りください）といったもの。

僧に向かって「間に合ってます」「お断りだよ」というわけにはいかないことから生まれ

た、知恵ある表現だった。

ご放念《ほうねん》ください

●相手の過度の気づかいが気になったら

何度も謝罪をされたり、贈り物をひんぱんにいただいたり…。こんなとき「もう、けっこうですよ」と伝えたいが言葉選びがむずかしい。いったい、どういえばいいか？

ちょっとしたことをしてあげただけなのに、会うたびに「先日はすっかりお世話になり、本当にありがとうございました」とくり返しお礼をいわれる。いっけん、ていねいなようだが、過ぎたるは及ばざるがごとしというように、何度もお礼をいわれるほうは、だんだん気が重くなってきてしまう。

そんなときに使いたいのが、「その件はもうご放念ください」。その件はもう気にしないでください、という気持ちをやんわりと、だが、しっかりと伝えられる言葉だ。

お中元やお歳暮などが送られてくる。だが、できれば以後はそうした気づかいなしで、もっと気楽につき合いたい。そんな場合も「以後はご放念ください」という。

「念を放つ」とは文字どおり、思い（念）から解き放たれること。そこから、もう気にしないでほしい、という意味になったのである。

前にいったことを取り消したい。その件はその後、立ち消えになった。そんなとき、「前にいったことを取り消します」「あの件は中止になったんですよ」というと、ちょっときつい印象になる。

「ご放念ください」は、そんな場合にも使われる。暗黙のうちに「もう、忘れてください」「あれは、なかったことにしてください」と伝えるわけだ。

こちらのほうは本来ならば誤用だが、ビジネスシーンでも、けっこう使われることがあるので、社会人の常識として心得ておきたい。

末席を汚《けが》す——●集団や組織のなかで、自分をへりくだって表現する

ある程度、経験や実績のある人だけが集まる席に参加を許された。そんなとき、どんな表現を使えば、先輩たちに「生意気だ」と思われないだろうか。

「末席」とは文字どおり、いちばん席次順の低い席。つまり、その集まりでもっとも下位の人間が座る席をいう。その「末席」でさえ汚すような自分、という意味になり、とこと

んへりくだり、低姿勢に徹した表現になる。

「若輩者《じゃくはいもの》の私が、このような名誉ある会の末席を汚していられるのも、ここにおられる皆様方の寛大なお引き立てのおかげと心より感謝申し上げております」などと、続く言葉も最大級の敬語を使うほうが全体のバランスが整う。

年配の人が多い集まりなどでは、心してこうした表現を使うようにすると、受けがよいはずだ。

おこがましい――◉「自分には身に過ぎたことである」と伝えるには

晴れがましい役割を与えられたときなどに、自分はそのような者ではないが…というニュアンスをイヤミなく伝えたい。そんなとき、なんといったらよいだろうか。

結婚式や会社の創立記念日などの晴れがましい席で、乾杯の音頭《おんど》をとるように頼まれた。こんなとき、内心では、自分こそそうした役にふさわしいと思っていても、表向きは、自分には身に過ぎたことだと謙虚な気持ちを表現したほうが、好印象を与えるものだ。

そこで、立ち上がって、「おこがましいことではございますが、ご指名ですので、乾杯の音頭をとらせていただきます」などという。

「このような晴れがましい席にお招きいただくなんて、私にはおこがましいことなのですが……」のようにも使い、自分には身に過ぎていることを表し、謙虚な思いを伝える言葉となる。

「おこがましい」の「おこ」は、漢字では「烏滸」。烏滸とは、「烏《からす》」のようにやかましく、「滸」(水際)に集まる人という意味で、後漢時代、黄河や揚子江《ようすこう》に集まり、やかましく騒ぎたてる人を指した。

そこから、「馬鹿げている」「みっともない」「物笑いになりそうだ」というような意味になり、さらに転じて、「出過ぎている」「差し出がましい」という意味になった。

ぶしつけではございますが…――◉少々失礼なことを尋ねたい

多少、失礼かもしれないということでも、確認しておきたいことがある。でも、いきなり切り出せば、相手に呆《あき》れられるかもしれない。では、どういえばいいか?

しつけという漢字は「躾」。文字どおり、身の動き・言動を美しくすることをいう。「ぶしつけ」はその反対で、「少々、マナーに反することではございますが」とか、「少々、お見苦しいことかもしれませんが」という前置きと同じ意味になる。

得意先の提示条件にあいまいな点がある。それを確認しておくことは、ビジネス進行上、どうしても欠かせないポイントだ。そんなときには、「はなはだ、ぶしつけではございますが」といってから、「この点について、もう少しくわしい条件を伺《うかが》わせていただきたいのですが」などというと、相手に与える印象がやわらかになる。

また、依頼をする場合にも、「ぶしつけではございますが、じつは少々、お願いがございまして」のようにいうと、いかにも恐縮した気持ちを相手に伝えることができる。

「ぶしつけ」は、言葉づかいにも〝しつけ〟が必要なことを示す言葉だともいえそうだ。

うがったことをお尋ねする

●やや突っ込んだ質問をするときは

話し手が言及しなかった細かなことや裏にある事情などを尋ねるときは、相手に恥をかかせたり、困らせたりしないように配慮したい。そんなときに添えるひと言がこれ。

会議や講演などに出席して、やや突っ込んだ質問をするようなとき、「うがったことをお尋ねするようですが」と前置きしてから質問すると、「そこまで突っつくのか」と相手に悪感情を持たれる心配がなくなる。

「穿《うが》つ」は穴をあけること。それも、雨水のしずくが長い時間をかけて岩石を削《けず》り、ついには鍾乳洞《しょうにゅうどう》となるとか、洞窟をコツコツ手彫りしていくというように、膨大な時間や手間をかけて穴をあける、というときに使う言葉である。

そうした意味から、「うがったこと」といった場合は「人の気づかないようなことをあばく」「微々な点を指摘する」というニュアンスになる。

「うがった見方をすれば……」などと使う場合もあり、これは、「もっと細かく見れば」「微な点を勘案して判断すれば」というような意味になる。

有体《ありてい》に申しますと

●本当のことをいいますよ、と相手に断るときに

社交辞令という言葉もあるように、ビジネス関係ではなかなか本音をさらしにくい。でも、本当のことをいいたいときもある。そんなときには、どう切り出すべきか?

「有体」とは、あるがまま、偽《いつわ》りなくいえば、という意味。「正直にお話しいたしますと」

といいたいときに「有体に申しますと」という言葉を使うと、たちまち大人らしい表現になる。

また、本来なら、他人には聞かせられない内情を、あなたにだけ特別にお話しします、というニュアンスも込められる。

つまり、「あなたを信頼するからこそ、内情をお話しするのです」という信頼の情をも、言外に伝えることができるのである。

「有体の礼を述べた」と使われることもあるが、この場合は、「通り一遍の礼」という意味になり、同じ「有体」でも、むしろ失礼な表現になるので注意したい。

含むところがある

●どんな思いを「含」んでいるのか?

なんでもあけすけに話せばよいというわけではない。とくに恨《うら》み・怒りなどネガティブな思いを抱いているとき、その思いを察してほしいというときはこんな表現を。

秘めごとなどない、とばかりに、あけっぴろげな物言いが大手を振ってまかり通る時代。だが、言葉にも「腹八分」が大事な場面はある。

ときには間接的に、またあるときは婉曲的《えんきょく》に、そのものズバリではなく、遠まわしに自分のいいたいことを表現するほうが、かえって、いいたいことがソフトに相手に伝わり、相手を深く傷つけなくてすむことがあるのだ。これこそ、まさに「言葉なさけ」というものだろう。

「含むところがある」も、そうした言葉のひとつ。いいたいことをはっきり言葉にはしないが、お腹のなかにある思いをじっとためている。「含むところがある」とは、腹のなかの思いを察してくれ、という表現なのだ。

「彼は終始無言を通した。だが、その目は、我々に対して含むところがあることを物語っていた」などのように使い、彼は言葉では何も表現しなかったが、我々に対して恨みや怒りを持っていることが伝わってきた、ということを意味している。

この例からもわかるように、「含むところ」の中身はよい思いではなく、恨みや怒りなどネガティブな思いを指すことが多い。

恨みや怒りはそれを口にすることによって、自分で自分を煽《あお》ってしまうところもある。あえてその思いを口に出さず、じっと心のうちにためこむことは、自分自身を抑え、いたずらに怒りを爆発させないという効果もあることを知っておこう。

いわずもがな――●あえて口には出さないが、察してほしいときに

ある思いを抱いている。でも、言葉に出すのはちょっとはばかられたり、恥ずかしかったりする。そんなときに使える、便利かつ趣《おもむき》深い言葉。

流行の〝ぶっちゃける（隠し事など、知っていることや思っていることをすべて話してしまうこと）〟とは相反する物言い。「いわずもがな」、つまり「いうまでもない」ということにより、かえって、本当ならばいいたいことを察してほしいと訴える、逆説的な表現になる。

「いわずもがな」は、「いわず」と「がな」が合体してできた言葉。「がな」は上代に使われた、願望を表す「かも」「がも」が変じた言葉。「……であったらなあ」という思いを伝える言葉である。

「私の思いは、いわずもがな、よね」「ぼくがキミに対して、どんな思いを抱いているか。いわずもがな、だと思うけど」などと使う。つまり「あえて、いわなくてもわかるでしょ」「いわないですんだらなあ」ということにより、かえって、切々たる思いを伝えることになるのだ。

最近では、あえて口にしなくてもわかってほしい、という場合にも使われるようになっている。「Aさんは、いい人だけど気が短く、ちょっと怒りっぽい」。そんな人を評するとき、「Aさんはいい人だけど、でもねぇ、あとはいわずもがな」のように使う。

こういえば、相手には「Aさんには、困ったところがある」と自分が思っていることが伝わる。だが、それをあえて露骨にいわず、「いわずもがな」といって逃げる。言葉には、事実をいやがうえにもはっきりと認識させてしまう効果があるからだ。

すべてを話すより、「いわずもがな」ですませるほうが救いがあり、思いやりが感じられる。そのうえ、気がきいた言葉の使い方を知っているなという印象も与えられるのだ。

やぶさかではない

●そう積極的にではないが、参加する気持ちはあるとき

相手の申し出に二つ返事で賛成するわけではないが、だからといって、反対し、背を向ける気持ちもない。そんな複雑な気持ちをどう伝えたらいいか迷ったら…。

たとえば、ボランティアで子どもサッカークラブの運営の世話係をしてほしい、と頼まれたと想定してみよう。

「私でよろしければ、お力添えするにやぶさかではありませんが」と答えたら、相手はあなたの気持ちをどう解釈するだろうか。もしかしたら、「なんで、ここでヤブやサカが出てくるの？」とキョトンとされてしまうだけかもしれない。

「やぶさかではない」は、漢字で書くと「吝ではない」。「吝」は吝嗇《りんしょく》の吝。ケチという意味だ。何かを頼まれたとき、それを拒むほどケチではない。つまり、狭量ではないという思いを示しているのである。

つまり、「やぶさかではない」といったときは、「そう積極的ではないが、イヤというほどでもない」という意味になる。

「やぶさかではない」という言葉を添えることにより、「どうしてもというなら、お引き受けしないでもありませんが」という謙虚な姿勢を伝えたり、「喜んで参加する」わけではないという微妙なニュアンスを伝えたりするわけだ。聞き手は、そのどちらの思いであるかを正しく汲《く》み取るようにしたい。

最近はもう少し積極的な意味合いが加わり、「骨惜《お》しみせず、協力します」という、より前向きの意志を示す場合に使われることも増えている。

よんどころない

◉どうしようもない事情ができたことを伝える言葉

約束を変更したり、お誘いを辞退したりしなければならないが、相手にその理由をくわしく話す必要はない。そんな訳ありの事情が出来《しゅったい》したことをひと言で伝えるには。

「よんどころ」とは「拠《よ》り所」が変化した言葉。「拠り所」は、頼りにしてすがるところ、という意味である。「よんどころない」とは、そうした頼るところもないので、自分がひっかぶるほかに仕方がないという状況を表す。つまり、「仕方なく」「やむをえず」という意味に転じた言葉である。

たとえば、取引先と打ち合わせの約束があった。だが、別の取引先でトラブルが発生。こうした場合、トラブルを収めることが最優先になるだろう。

そんなとき、約束があった取引先には、くわしい事情まで話す必要はない。

「大変、申し訳ありませんが、よんどころない事情が出来いたしまして、本日のお約束は後日に延ばしていただけませんでしょうか」と電話を入れれば、そこはビジネスパーソン同士、およその事情は察してもらえるはずである。

「強引なA社のやり方には批判もないわけではなかったが、ほかに対案もなく、よんどころなくA社の提案を受け入れた」のように使うこともある。

「よんどころなく」は多少古風であり、それだけに、「仕方なく」とか「やむをえず」など、日常、よく使われる言葉よりも重い響きを込めることができる。

同じような意味の言葉に、「のっぴきならない」がある。これは、漢字で書くと「退っ引きならない」。つまり、もう引き下がる余地がない、とことん追い詰められたという意味になる。

お茶をにごす ―― ●はっきり白黒をつければいいとはかぎらない

正しいのか間違いなのか。進むか退くか。賛成か反対かと結論が見えない場合、あえて結論を出さないという道も。ごまかすのではなく、その一歩上をいく解決法は？

煎茶《せんちゃ》道の家元に、お茶を振る舞ってもらったことがある。

茶碗の底にほんの数滴ばかりであることには内心驚いたが、ひと口含むと、一滴のお茶が口中いっぱいに広がっていく。なんともいえないまろやかな甘みが咽喉《のど》をうるおすだけでなく、心身のすみずみまで満たしていく実感があった。甘露《かんろ》とはまさにこのことなのだと、今でもその味は忘れられない。

そのお茶は、黄金色《こがねいろ》をたたえつつ、かぎりなく澄《す》んでいたことが、今でも印象に深く残っている。

「お茶をにごす」は、本来、澄んでいるべきお茶をにごすということから、「ごまかす」という意味になり、さらに進んで、結論をはっきりさせずなんとなく曖昧《あいまい》にすませること、本来、なすべき解決策を講じないという意味にも使われるようになった。

たとえば、新しいプロジェクトの話し合いが紛糾《ふんきゅう》し、結論が出ないまま、相手は話し合いを切り上げようとする。そんなとき、「あ、ごまかした！」といわれれば、たちまちカドが立ってしまう。

しかし、「あ、うまいぐあいにお茶をにごして……」といえば、相手側も、「いえいえ、そんなつもりはありませんよ」と、やんわりかわすことができ、険《けわ》しい雰囲気にならずにすむ。

ときにはお茶をにごし、あえてひとつの結論に集約しないことが、もっとも知恵ある解決策になることもあるのだ。

冥利《みようり》に尽きる――●これ以上の恵み、喜びはないという気持ちを表すには

入社以来、手塩にかけて育ててきた部下が大きな賞を受賞し、しみじみ、人を育てる立場にあることの喜びが身にしみる。そんな気持ちをズバリ表現する言葉がこれ。

本の「前書き」などに、「この本が読者のために少しでもお役に立てれば、著者冥利に尽きます」と書いてあるのをよく見かける。

「冥利に尽きる」とは、この上ない喜びだという意味。「冥利」は仏の教えにある言葉で、「冥」は暗いこと、目に見えないことを表す。「冥利」となると、目には見えないが、そこここに満ちあふれ、知らず知らずのうちに与えられている仏の御利益《ごりやく》という意味になる。

やがて、社会や人から与えられる恵みも「冥利」というようになり、「冥利に尽きる」といった場合は、著者とか教師のように、ある立場にいる自分が受ける恩恵や恵みを意味するようになった。

「著者冥利に尽きる」とは、著者として味わうだろう恵みや喜びのなかでも最高の喜びという意味になるわけだ。最近では、「選手冥利に尽きる」「役者冥利に尽きる」など、より

幅広く使われるようになっている。

年長者のなかには「冥加《みようが》」と使う人もあるが、意味も使い方も「冥利」と同じである。

ちなみに、芝居などに出てくる「冥加金」とは、寺社に奉納する金銭から転じて、質屋や両替商などが、特権に対する代償として大名などに献上する金のことをいう。今でも、お寺に供養をしてもらうために差し出す金を「冥加金」ということがある。

徒《あだ》や疎《おろそ》か ●「粗略に扱うはずがない」と強調するときに

絶対に無駄にはしない。そんな決意を、強い語調で伝えたいときには、こんな言葉を使うとよい。日本語の語彙《ごい》が豊富であることも伝えることができ、一石二鳥。

実にならない花を「徒花《あだばな》」ということからもわかるように、「徒」は中身がなく、空疎《くうそ》なことをいう。「疎か」は雑駁《ざつぱく》で、いい加減であることを意味する言葉。

つまり、「徒や疎か」とは、どちらもいい加減で実りのないこと、無駄にすることをいう。この言葉のあとには、打ち消しの反語がつくのが普通。つまり、「粗略にしたり、無駄にするようなことはしない」という決意を表す場合に使われるのである。

「せっかくいただいたチャンス。徒や疎かにはいたしません」といえば、「何がなんでも絶対にモノにしてみせる！」という強い意志を伝えることになる。

おめがねにかなう

●「目上の人に認められた」とスマートに表現したい

目上の人に知人を紹介した。気に入ってもらえたかどうか確認したいが、「どうでしたでしょう？」ではあまりにむき出し。そんなときにふさわしい言葉は…。

「A課長、じつは、知り合いのBという者が、ぜひ御社とおつき合いできたら、といっているのですが、お力添えをお願いできませんでしょうか」と上司に話したところ、「まず、Bさんにお目にかかってみてからのことだね」とA課長。もっともな返答だ。

そこで、Bさんを引き合わせたところ、「しっかりしたいい方のようだね。会社も堅実な仕事をしているようだ。近く、わが社の担当部長にお引き合わせしよう」という返事が返ってきた。

つまり、Bさんはまず、Aさんの人物チェックをクリアしたというわけだ。こんな場合、「ありがとうございます。BはなんとかA課長のおめがねにかなったようで、私もほっといたしました」などという。

Bさんに対して、「よかったな。A課長のおめがねにかなって」と使うこともある。「おめがねにかなう」とは、目上の人に気に入られる、認められるという意味。つまり、「めがね」という言葉で相手の眼力・鑑識眼をソフトに表現しているわけである。

この言葉を使う場合、相手は目上の人に限定されるため、「めがね」ではなく、必ず「おめがね」と、敬称の「お」をつけることを忘れないようにしたい。

ところが、実際に仕事を頼んでみたところ、BさんはA課長が見たほどの人物ではなかったということもある。そんな場合、A課長は、「どうも私のめがね違いだったようだ」「めがねが狂った」などという。

一身上の都合

●それ以上は聞かないでほしいときの便利な言い回し

深い事情はいいません、こちらもあえて聞きません、という大人の心づかいを物語る便利な言葉。転職時代、一生の間に何度、この言葉を使うことになるのだろうか。

「このたび、一身上の都合で退職させていただきたく……」のように、自己都合で会社を辞める場合の決まり文句。本来なら、それまで育ててもらった会社である。辞めるにしても、その理由をはっきり示すのがマナーだと思う気持ちもある。

だが、正直に、ヘッドハンティングされたので、と書くわけにもいかない。ほかにも、はっきり言葉に出してしまえば、身もふたもない、という場合が少なくない。

そんな場合に、「一身上の都合」と書けば、「それ以上は聞かないでね」という暗黙の意思表示になるわけである。

考えてみれば、会社を辞める理由はそう多くはない。①独立する、②転職する、③病気療養のため、④結婚や育児などのため家事に専念する、⑤親の介護などのために故郷に帰る……など、五本の指を折るぐらいではないか。

しかも、③〜⑤の理由なら、「退職届」を出す前に、上司や同僚におよその事情を打ち明けているだろう。だが、こうした場合も「一身上の都合」と書くことが多い。

どんな事情であれ、退職にあたっては、グチはいっさい口にしないこと。また、仕事上、知り得たことは口外しないことも、ビジネス上のルールと心得よう。

2章

出会い、人づき合いを心地よくする言葉づかい

一期一会《いちごいちえ》という言葉に象徴される出会いの大切さ。初対面はもとより旧知の間柄でも、会うたびにきちんと挨拶し、出会いの喜びを伝えたいものだと思う。

ところが、通り一遍の挨拶だけですませたり、ろくに挨拶もしないで、いきなり用件に入ったりしていないだろうか。

よく使われる挨拶言葉を交《か》わすのでも、その時々の思いを伝えるひと言を添えると、相手の心により深く届く、温かな響きのこもった挨拶に進化することを知っておきたい。

どんな場合も、「どうも……」と語尾をにごすだけという人もいるが、これも問題だ。「どうも」だけでなく、その場や状況に見合った言葉を選び、語尾まではっきり発音すると、それだけで印象は格段にアップする。

日本人の心映えを伝える、相手やシチュエーションに合った絶妙な挨拶を身につけたい。

恐れ入ります

●声をかけるときや感謝の意を伝える際に

きちんとした言葉づかいを身につけているかどうかの目安は、「恐れ入ります」を的確な時・所で使えるかどうかだ、といってもよい。折にふれて使いたい一言。

人に声をかけるとき、たとえば、お店で店員さんに呼びかけるようなとき、よく、「すみませんが」という人がいる。いうまでもないが、「すみませんが」は、謝罪のときに使う言葉なのだから、呼びかけにふさわしいとはいえない。

では、なんといえばよいのだろう。こんなときに使いたい、英語の「Excuse me.」(ちょっと失礼します)のような呼びかけが、「恐れ入ります」だ。

「恐れ入ります」は本来、自分のことで相手をわずらわせるのは恐縮なのですが、という意味を持つ言葉である。そうした気持ちを伝える場合から、呼びかけやお礼を述べる場合までかなり幅広い状況で使われ、現在では、美しい響きの挨拶言葉としても広く使われている。

たとえば名刺交換から、相手の説明を聞くとき、お茶をすすめられたとき、指示を受けたとき、資料の提供を受けたときなど、社会生活のほとんどの場で使える万能言葉だといえる。

「恐れ入ります。ちょっとお尋ねいたしますが」のように、同じものを尋ねる場合も、「恐れ入ります」と話し始めると、いかにも上品でていねいな言い方になる。

感謝の気持ちを表す場合も「恐れ入ります」というと、深い謝意を伝えることができる。「ありがとう」を普段着の感謝の言葉だとすれば、「恐れ入ります」は、よそ行き。あるいはフォーマルな感謝の言葉になるといえようか。

ていねいな依頼の場合も、「恐れ入ります」で始めるとよい。得意先で資料のコピーを頼みたいときなどは、必ず「恐れ入りますが、この資料をコピーしていただけますか」のようにいうとよい。社員がこうした言葉づかいを身につけていると、「あの会社は社員教育が行き届いている」と、会社全体の信頼まではね上がるだろう。

男性なら「恐縮です」も、同じように使える言葉だ。恐縮とは、身を縮めるほど恐れ入っていることを表し、やはり、何かを依頼するときや非常に深い感謝の気持ちを伝えるときに使う。

だからといって、「あ、恐縮!」などと略した言い方は、真摯《しんし》な気持ちを表す言葉とは認められない。「恐縮」という言葉を使うなら、「恐縮でございます」「恐縮です」のように、きちんとしたフレーズで使うようにしよう。

「恐縮千万」と、「恐縮」をさらに強調する表現を使う人もあるが、「恐縮千万」は、使う場や使う人の雰囲気がそれにふさわしいものでないと、かえって軽薄な印象になってしまうので、時・所をわきまえて使いたい。

痛み入《い》ります

◉もっと深く「恐縮している」と伝えたい

とくに、目上の人や年長者に対して、最上級の感謝や恐縮の意を表したいときに最適な言葉。かしこまった場合などには必須の言葉でもある。

「一度、当社の工場を見てください」といわれたので、ごく気楽な気持ちで出かけたところ、先方の社長がみずから案内してくれ、身の置きどころがないほど恐縮してしまった。そんなとき、「ご配慮、まことに痛み入ります」といえば、非常に恐縮しています、という思いを伝えることができる。

「恐れ」よりも、「痛み」のほうがダメージは大きい。そうしたことから、「痛み入ります」

といえば、「恐れ入ります」以上の深い感謝の思いを伝えることができるわけである。

ただし、「痛み入ります」は、「恐れ入ります」のように話しかけの言葉としては使わないので、注意したい。

おかげさまで

●どんな話しかけに対しても使える万能の返し言葉

日本の言葉にはたくさんの仏教用語が含まれている。「おかげさまで」も、仏の深い思いに感謝する心から生まれた言葉だけに、口にするたびに心が和《やわ》らぐのだ。


「忙しくて、大変だったようだね。一段落《いちだんらく》した？」「おかげさまで」

「風邪ぎみだとうかがいましたけど、もう、よろしいんですか？」「おかげさまで」

「お子さん、もう、ずいぶん大きくなっただろうね」「おかげさまで」

このように、どんな問いかけに対しても「おかげさまで」と返せば、けっして礼を失することはない。これ以上、重宝《ちょうほう》な言葉はないといってもよいだろう。

「おかげさまで」は問いに対する返事というより、相手が問いを発してくれたこと、気づかいを示してくれたことに対する感謝の気持ちを表すというニュアンスのほうが強い。

本来であれば、「忙しくて、大変だったようだね。一段落した？」と問われれば、「先週末に納品が終わり、やっと落ち着きました」などと答えるだろう。だが、「おかげさまで」と答えれば、「お尋ねくださって、ありがとうございます」という意味合いのほか、「おっしゃるとおりです」という意味も加えることができる。

さらに、それ以上くわしいことはまたの機会に、という思いも暗黙のうちに伝えられ、相手の質問攻撃を巧みにシャットアウトできる。

子どもの成長など、質問をした人になんら力添えをしてもらったわけでもないのに、なぜ、「おかげさまで」と答えるのだろうかと疑問に思う人もいるかもしれない。

「おかげさまで」は、もともと、仏教をルーツとする言葉で、真意はもっと深いところにある。

おかげは「お陰」。なんの陰かといえば、あまねく行き渡っている仏の慈悲の「陰」を意味しているのである。「陰」は光があるからこそできる。光は仏の慈悲の力を意味し、「陰」は、その恩恵を受けているわが身を表している。

つまり、「おかげさまで」といったからといって、あなたの身を案じてくれた人の「お陰」だといっているわけではないのだ。仕事が一段落したのも仏縁のお陰。自分が今、ここにあるのも仏縁のお陰。わが子がすくすくと成長しているのも仏縁のお陰。だからこそ、「おかげさまで」は、どんな場合にも使うことができるのである。

そうした深い意味があるからだろう、「おかげさまで」と口にすると、心がふっと和らぐ実感がある。「おかげさまで」といわれたほうも、なぜか心が和らぎ、心がほんのり温まるようにも感じられる。

「おかげさまで」は、自分は一人で生きているのではなく、さまざまな人、さまざまなこととの縁によって生かされているという気づきをうながす言葉でもあるといえよう。

謹《つつし》んで――●心から敬意を表したいときに使う言葉

大変恐縮しながらも、ありがたく相手の厚意を受けるときなどに、この言葉を知っておくと好印象を持たれる。とくに目上の人に対しては必ず使いたい言葉。

社長や会長、あるいは恩師など、自分よりもはるかに立場が上の人から、何かをいただいたときなどに、「謹んで頂戴いたします」というと、相手に対する恭敬《きょうけい》の思いを伝えることができる。

賞状や記念品などをもらう場合ばかりでなく、酒の席などで杯《さかずき》を交わすというようなときも、「謹んでお流れを頂戴します」と使いこなす。行動を表す言葉の前に「謹んで」をつけると、それだけで、非常にていねいで謙虚な印象になることを知っておきたい。

たとえば、意見がある、といわれたならば「謹んで拝聴《はいちょう》します」、同行するように、といわれたならば「謹んでお供させていただきます」など、使い道は広い。

もったいない——●今や国際語となった言葉に隠された真の意味とは

無駄を惜しみ、節約をうながす言葉として脚光を浴びているが、これも仏の言葉が語源。相手の厚意に対し、最高の謝辞を述べるときにも使いたい〝ありがたい〟言葉だ。

「もったいない」は、使いきっていないものを捨てるのは「まだ、惜しい」というような場合に使われるが、本来は単に「惜しい」というのではなく、そこには、そのものの本質、命に対する敬意や愛がひたひたとあふれている。

「もったいない」は「勿体ない」。「勿体」とはものの本来あるべき姿のこと。そこから転じて、威厳、重々しさなどを意味する言葉となり、「妥当《だとう》ではない」「本質的ではない」という意味としても使われるようになった。

その後、さらに転じて、「自分には不相応である」「惜しい」「過分のことで恐れ多い」「かたじけない」という意味にも使われるようになった。自分には過ぎた話を持ちかけられたり、過分なものを贈られたときなどに「私にはもったいないお話（品）」などのように使う。

相手の行き届いた配慮に対して、「もったいないことです」、女性言葉では「もったいのうございます」ということもある。

あるいは、人から申し出があったが、あまり気が進まないというときに、「私にはもったいないお話で」といえば、婉曲《えんきょく》的な「ノー」になる。

いわゆる〝敬して遠ざける〟という話法で、あくまで相手にハナを持たせながら申し出を断る。そうすれば、相手もそうイヤな気持ちにはならず、カドが立たない。そんな便利な使い方もできることを知っておこう。

「MOTTAINAI」と書けば、今や世界的に通用する国際語になっている。

ケニア出身の環境保護活動家でノーベル平和賞受賞者のワンガリ・マータイさんが、日本の「もったいない」精神を知り、この精神を世界に広めたいと、二〇〇五年三月の国連女性地位委員会で、出席者全員と「MOTTAINAI」と唱和したことは広く知られている。

「MOTTAINAI」精神は、単にケチや倹約・節約を意味するのではなく、そのものが持つ〝命〟をとことん生かしきったかどうかという問いかけである。地球環境を守るためのキーワードとして、世界に広げていきたいものだと思う。

どういたしまして

●お礼をいわれたときに使う返礼の言葉

挨拶は双方の言葉の行き来で成り立つもの。お礼の言葉には、それに対する返礼の言葉がある。最近はあまり聞かれない、おくゆかしい返礼言葉を忘れていませんか？

英語の達人かどうかを見極める決め手のひとつは、「Thank you.」といわれたとき、きちんとした返礼ができるかどうかだという。英語なら「You are welcome.」や「Not at all.」「It's my pleasure.」などの表現がある。

「ありがとう」「恐縮です」などとお礼をいわれたとき、「いえいえ、とんでもない！」「気にしないでください」などといって、大きく手を振る人がいるが、もっと自然で品のいい返礼言葉がある。それが「どういたしまして」だ。

「どういたしまして」は、相手の言葉をやわらかく否定する言葉。相手に「このたびは、たいへんご迷惑をおかけいたしました」などと詫《わ》びられた場合も、「どういたしまして。こちらこそ行き届きませんで」と応じれば、品性を感じさせる大人の返事となる。

ちょっとした挨拶言葉に、それにふさわしい言葉を返せるかどうかは、英語の場合ばかりでなく、日本語の場合にも、言葉力をはかるひとつの目安になる。ふさわしい言葉がすぐに口から出るためには、その言葉が自分の一部でもあるかのように、しっかり身についていなければならないからだ。

日頃から、「ありがとうございました」といわれたら、「どういたしまして」と返す習慣をつけておきたい。

おたがいさま

●ちょっとした親切にお礼をいわれたときに

相手が恐縮しているとき、こちらだって、同じような立場になることがあることを伝えれば、相手の気持ちの負担はすっと軽くなる。そんな心づかいのひと言が、これだ。

「すまないが、今日はどうしてもはずせない用事があるんだ。残業、代わってくれないか？

頼む」

こう同僚から頼まれた。

そんなとき、「ああ、いいよ、事情があるときはおたがいさまだから」と答えれば、相手の気持ちの負担も軽くなり、同時に「その代わり、オレの都合が悪いときはよろしくな」というニュアンスも伝えることができる。

このように、依頼を受けたときの返事のほかにも、「昨日はありがとう」と、風邪でダウンした同僚の仕事をカバーしてあげたことにお礼をいわれたときなども、「気にするなよ。おたがいさまだもの」といったりする。

「おたがいさま」は仏教をルーツにする言葉で、もともとは、「共に阿弥陀《あみだ》さまの前に坐る凡夫」からきた言葉と伝えられている。私もあなたも、おたがいに煩悩具足《ぼんのうぐそく》、力の足りない者同士であるから、助け合い、励まし合って精進《しょうじん》しようという気持ちが言葉の底に流れている。

今の世の中がなんとなくギスギスしているのは、この「おたがいさま」の精神が乏《とぼ》しくなっているから、とはいえないだろうか。ことにふれ、折にふれ、「おたがいさま」と口にし、その精神を復活させていきたい。

いいお日和《ひより》ですね――◉こう話しかけられたら、気持ちがやわらぐ

いきなり本題に入るよりも、まず、あたりさわりのない話をすると、その後の会談がスムーズになる。そんなとき、気候や季節の話題を選べば、まず失敗がない。

最近のビジネスシーンでは、挨拶に続く言葉はほぼ例外なく、「お忙しいところをどうも」に占拠されてしまった感がある。たしかに時代の動きは目まぐるしく、だれもがいつも忙しい。

だからこそ、本題を切り出す前に少しの間、気候や季節を話題にし、ほんのひととき、窓外の景色に目をやってはどうだろう。超高層ビルのオフィスの窓から見える空にも、鰯《いわし》雲《ぐも》が浮かんで秋を告げたり、曼陀羅《まんだら》のような夕景が浮かんでいたりすることもある。

こうした光景に一瞬、目をとめる余裕まで失ってしまうと、仕事にも余裕のなさが反映され、職場の雰囲気もギスギスとした味気ないものになってしまわないだろうか。

少し前までは、朝などに家の前の通りを掃き清めながら、通りかかる人を見かけると、知らない人であっても、「いいお日和ですね」「すっかり過ごしよくなって」「いいお湿り

で」などと、どちらからともなく声をかけあったものだった。

これらの言葉には、季節の移ろいを心地よいものとして受け入れようとする、庶民のしなやかな感性も窺《うかが》われる。

家の前を掃き清める人もあまり見なくなってしまったし、見知らぬ人とふと言葉を交《か》わすこともなくなってしまった今、世の中の雰囲気もそれだけ味けないものになってしまったような気がする。

「いいお日和ですね」――。明日の朝、通りがかった人にこう言葉をかけたら、どんな反応が返ってくるだろうか。あんがい、気持ちのよい返事が返ってくるような気がするのだが……。

お足元の悪いところ――◉雨や雪の日の訪問客を迎えるときの決め言葉

適温に調整されたオフィスにいると、つい外の気候を忘れてしまう。だが、訪問客は雨や雪のなかを足を運んでくれるのだ。そんな日はこんな言葉でねぎらいたい。

いくら道路が整備されて歩きやすくなったといっても、雨の日や雪の日の外出は気が重い。そんななかを出かけたところ、訪問先で開口一番、「お足元の悪いところをありがとうございました」と挨拶された――。

このひと言で、重い気分は一掃《いっそう》されてすっきりと晴れてしまった。人の心とは他愛ないといえば他愛ない。いや、何げなくかけた言葉でさえ、それほど大きな力を持っているというべきだろうか。

「お足元の悪いところ」のほか、「外はお暑かったでしょう。まず、冷たいものでもどうぞ」「今日は冷え込みがきついようですね。温かいものでもいかがですか？」などといわれると、訪問客の気持ちが和らぎ、その後の会話も自然に弾んでくる。

道路が舗装されていなかった時代、そして、移動の手段は「歩く」のが普通だった時代は、雨の日は、着物の裾《すそ》を汚してしまったり、はきものが泥だらけになったりと、それは難儀だったもの。

「お足元の悪いところ」は、そうしたなかを出かけてきてくれた相手をねぎらうために、ごく自然に生まれた言葉なのだろう。

まず、相手の立場に立ってものをいう。よき時代のおつき合いの基本的な姿勢が伝わってくるようだ。

憚《はばか》りながら

◉遠慮しながら、相手にものをいうときに

本来なら、差し出がましく意見をさしはさむ立場ではない。でも、どうしても意見を述べたいというときには、こんな便利な言い回しもあることを知っておきたい。

「憚る」とは恐れ慎《つつし》むことを指す。つまり、「憚りながら」は、「自分のような者が意見を述べるのは非常に恐れ多いことですが、ひと言、述べさせてください」というニュアンスを伝えたいときに使う。

意見を述べる前に、「憚りながら、私からもひと言、述べさせていただいてよろしいでしょうか」と話の口火を切ると、立場をわきまえた人、しかも、言葉の使い方を心得た人だという好印象につながるものだ。

また、「憚りながら、私も人を教え導く教師の一人のつもりです。ここは私にお任せください」「憚りながら、私ももう三〇年以上、舞台一筋に生きてきた身だ。これしきの熱で休演にするわけにはいかない」など、あくまでも、自分の立場を謙虚に表現しながらも、その裏に、毅然《きぜん》とした姿勢をうかがわせるという場合にも、この言葉はよく使われる。

ビジネスパーソンも、ところを得て使うと、言葉づかいの妙が光る。

「憚りながら、私も営業マンのはしくれです。たしかにハードルは高いですが、目標達成に向けて全力投球します」などと決意を述べてみよう。

ちなみに、トイレのことを「はばかり」ということもあることを心得ておきたい。

ご縁がありましたら——●袖振り合った人と別れるときのひと言

飛行機や新幹線で隣り合わせた人など、その後、つき合いが続くことはないと思われる人でも、出会ったのは何かの縁。そんな思いを押しつけがましくなく伝えたい。

新幹線のなかなどで出会い、なんとなく言葉を交わした。やがて、降車駅が近づいてきて、立ち上がる。こんなとき、「では、私はここで」といって、あっさり別れるのが現代風なのかもしれない。

だが、こんなとき、「ご縁がありましたら、また……」という言葉をかけられたら、相手はその出会いをなんとも心地よいものに感じ、その人が立ち去ったあとも、しばし、楽しかった会話の余韻《よいん》に心温まるものを感じるのではないだろうか。

「袖《そで》振り合うも多生《たしょう》の縁」という。道行く人と袖が触れ合うことさえ「宿縁《しゅくえん》」によるという意味で、ちょっとした出会いもすべて因縁《いんねん》によるのだから、出会いは大切にしようという言葉である。「袖振り合う」ことから考えれば、旅先でひととき、隣り合わせて座り、言葉を交わすのはよほど深い縁によるものだと思えてくる。別れぎわ、「また、ご縁がありましたら」という挨拶は、そうした思いをかみしめさせ、深い味わいを伝えてくる。

「袖すり合うも……」ということもある。知っておきたい。

また、こちらが好意を示そうとしたとき、相手が固辞《こじ》したら、「これも何かのご縁ですから」とも使う。こういえば、押しつけがましくならない。

最近はそんな光景もめずらしくなったが、突然の雨に見舞われ、見知らぬ人に傘をさしかけるときなどに、こうした言葉がよく使われたもの。格安のビニール傘の出現により、小さな触れ合いの機会はすっかり奪われてしまった。

縁という言葉は、相手の好意を受け入れられないときなど、断る場合にもじょうずに使うと相手を傷つけることがない。

縁談は、一方がその気になっても、もう一方がその気がないのなら、むろん、成立しない。そんなときは、「このたびはご縁がなかったようで」とひと言いえば、それ以上は詮索《せんさく》しないのが暗黙の決まりになっている。

ビジネスシーンでも、プレゼンや入社試験の結果が不採用であった場合には、「残念ながら、このたびはご縁がなかったようです」のように使う。

奇遇《きぐう》ですね

●知人と思いがけないところで会ったときに

知人と偶然会って、「どちらへ？」と聞いたり、めずらしいところで出会って「なぜ、こんなところへ？」と聞いたりするのは立ち入りすぎ。その代わりになる言葉は…。

最近は多少変わってきたとはいえ、日本人のつき合いはよくも悪くも、相手に関心を持ちすぎる。休日、駅に向かう道で知人に会い、「今日はお休みなのにお出かけ？　どちらまで？」と質問攻撃にさらされた……。そんな経験をしたことはないだろうか。

だが、プライバシー意識も進んできた。こんなときは、「お出かけですか？　お気をつけて」という程度でとどめるようにしよう。このほうが、ほどよい距離感の人間関係を保つことができ、結果的に長くつき合いを続けられる。

子ども連れなら、「あら、ヒカルちゃん、今日はパパとママとお出かけ？　よかったわね。

楽しんでいらしてね」と声をかけるくらいがほどよい。

また、思いがけないところで知人にばったり出会ったときも、「奇遇ですね」「めずらしいところでお目にかかりましたね」といい、なぜ、先方がこんなところにいるのかなど、それ以上の詮索はしないのがマナー。こちらにはそんな気持ちはなくても、それ以上尋ねるのは、好奇心むき出しという感じになり、品のよい行為とはいえない。

おたがいに気まずい思いをするような場で出会ったり、相手に異性の連れがいたりする場合は、目が合わないかぎり、気づかないふりで通り過ぎるのが大人の心づかいである。

おたがいの立場を入れ替えて、自分だったらどうしてほしいかを考えると、その場でどう振る舞えばよいかがわかるはずだ。

お名残《なごり》惜しい——◉一緒に過ごした時間の楽しさを倍増させる別れの言葉

訪問先ですっかり長居をしてしまった。そろそろ引き揚げなければならないが、かといって「そろそろ時間ですので」では、ややそっけない。そんなときのひと言とは…。

同窓会で久しぶりに会った、なつかしい顔ぶれ。次に会えるのはいつだろう——。

そんな思いから、座を切り上げなければならない時間が迫ってきても、散会時間が来たことを切り出せない。こんなとき、「お名残惜しいですが、そろそろ時間なので……」というと、だれの胸にも同じ思いがしみていき、別れの時間が来たことを深い思いとともに伝えられる。

長居の客に引き揚げてもらいたいときにも、「お名残惜しゅうございますが……」と切り出せば、相手もそれと察して、気持ちよく席を立つはずだ。

別れぎわ、何度も別れを惜しむことを、「名残を惜しむ」ということもある。遠距離恋愛の経験者なら、別れぎわの「名残惜しさ」は胸に深く刻まれているのではないだろうか。

「名残」とは、何かが過ぎ去ったあともなお、それを思い出させるような思い、余韻《よいん》をいう。漢字で「名残」と書くことから、「名を残す」ことだと考えられがちだが、本来は、打ち寄せた波が引いたあとに残っている海水や海藻をいう言葉だった。

「波＋残り」から生まれた言葉で、そこから、余韻やあとに残る影響を「なごり」というようになったのだ。

「名残」が、別れを惜しむという意味で使われるようになったのはかなり古い時代からで、平安時代にはすでに「名残の雪」とか「名残惜し」という表現が見られる。

よく年配の女性などが、別れぎわに一、二度振り向いては「お名残惜しゅうございますが……」とくり返し、頭を下げ合っていることもある。はたで見ていても、おくゆかしさが伝わるやりとりだ。

お平《たい》らに――●男性を和室に招いたときの心づかい

日本の伝統作法にのっとった座り方、それが「正座」。しかし、堅苦しいままでは、相手と打ち解けることもできない。そんなときの心づかいの日本語を知っていますか?

料亭や座敷の宴席などに通され、ふだん座りなれない「正座」で待っていると、招待側が、「どうぞ、お平らに」と声をかけてくれた。これはどういう意味なのだろう?

「お平らに」とは、正座を崩して結構ですよ、どうぞ、くつろいだ楽な姿勢になってくださいという意味になる。主に男性に向けて使われ、暗に、どうぞ、あぐらに切り替えてくださいといっているのだ。

あぐらは正座よりも姿勢が低くなり、体が少し平らになったような印象になる。そこから、「お平らに」というようになったのだろう。女性に対するときは、「どうぞ、お楽に」

とか、「お楽になさってください」というのが普通。

「お平らに」「どうぞ、お楽に」といわれたら、「お言葉に甘えて」「では、失礼させていただきます」といって、膝《ひざ》を崩してかまわない。

そもそも、正座は人が座る姿勢としてはかなり無理があり、日本以外では、罪人が拷問《ごうもん》を受けるとき以外はこうした座り方はないと聞く。日本でも、正座は元来、神や仏を拝む場合や征夷大将軍《せいいたいしょうぐん》にひれ伏す場合のみにとられた姿勢で、ふだんは武士も女性も、あぐら、または立て膝で座るのが普通だった。

正座が広まったのは江戸・元禄《げんろく》のころから。江戸初期に、幕府は小笠原《おがさわら》流礼法を採用し、大名たちが将軍に向かうときには正座をすると定められる。これがしだいに各大名家に伝えられ、さらに一般にも広まったのである。

また、畳が普及したことも、正座の普及を進める要因となった。

椅子に座る生活が主流になった現代では、正座ができなくても恥にはならない。かえって無理をして足がしびれ、立ち上がるときにふらついたりするほうが見苦しい。

招待した側は、早めに「お平らに」のひと言を忘れないことが、欠かせない心づかいとされる。

お膝送り

●少しずつ詰めあい、一人でも多く座れるように

公共の場で長椅子に座るときは、隣の人との間隔に気を配りたい。詰めて座らないと、本来座れる人が席からあふれてしまう。そんな注意を喚起《かんき》する上品な表現。

病院の待合室など長いシートを渡した椅子は、すでにいっぱいのように見えても、よく見ると間が少しずつ空いていることがある。あるいは、長い足をもてあますように足を広げて座り、一人で二人分ぐらいのスペースをとって平気な顔をした人もいる。

そんなとき、「ちょっと詰めてくれませんか？」という代わりに、「恐れ入りますが、お膝送りを……」というと響きがよく、相手の気持ちを逆なでする心配もない。もっとも、「お膝送り」の意味がわからず、無視されて終わり、という可能性もありそうだが。

大座敷にたくさんの客が並ぶ大茶席では、茶室で茶を点《た》てるのは正客《しょうきゃく》の分だけ。あとは、控えの者が陰点《かげだて》したお茶を次々運び、飲んでいくことが多い。「お膝送り」はこうした席で、先客が少しずつ膝をずらして詰め、できるだけたくさんの人が座れるようにはからうのが、礼儀のひとつとされたことに端《たん》を発する。

ちなみに、ギネスブックには、二〇〇六年一〇月八日、愛知県西尾市で市民一万五〇〇〇人が同時に抹茶を飲んだ大茶会の記録が掲載されている。市街地の路上に赤いマットを敷いた席に、次々、お膝送りをして詰めて座ったのだろう。

「お膝送り」とよく似た言葉に、江戸しぐさの「こぶし浮かせ」がある。渡し舟が満員のときなど、一人一人がこぶしひとつずつ分ぐらい詰めると、さらに何人かが座れるスペースが生まれることをいう。

「お膝送り」も「こぶし浮かせ」も、「おたがいさま」の精神を物語る、日本人の心づかいに満ちた暮らしに根ざした言葉である。

お流れちょうだい

●今も、接待などの席で行き交う言葉

宴席などで、取引先や上司などから杯《さかずき》を差し出された。「恐縮です」といって受けるのも悪くはないが、もっと場にふさわしいひと言がある。

室町時代の『酒飯論絵詞』にある武家の宴会の様子を見ると、大きな杯に酒をなみなみと注ぎ、それを回し飲みする習慣があったことがわかる。これがやがて、目上の人の前に部下が一人一人、自分の杯を持って前に出、目上の人が大きな杯から、部下の杯に酒を移し、部下がそれをいただくという習慣に変わっていく。このとき、「お流れちょうだい」という挨拶言葉も生まれた。

やがて、目上の人が使った一人用の杯を下の者に差し出し、これに酒をついで飲むようになっていく。杯は差し出す前にさっと洗われ、そのために専用の水を満たした器・杯洗《はいせん》が用意されるようにもなった。

「お流れちょうだい」は、この杯を使い回すときにも使われた。おたがいにごく親密な間柄になったことを象徴する行動として、今でも宴席などで行なわれる。そうしたやりとりのときには、ぜひ、使ってみよう。

おつもりです

●こういわれて、キョトンとしていませんか?

「朝まで飲むぞお」などと気炎《きえん》をあげる人もいたりして、酒の席を閉じるのは案外むずかしい。そんなときには、暗黙のうちに「これで終わり」と告げるこの言葉を。

飲めば飲むほど盛り上がる酒の席。だが、もてなす側や店側にしてみれば、そろそろ引き揚げてほしい時間がある。そんなとき、ストレートに「もう、お帰りください」とはいいづらい。お酒が入っているだけに、急に機嫌が悪くなり、意地になって飲み続けようとする人もいるかもしれない。

そんな場合には、もう一本銚子《ちょうし》をつけ、「(これで)おつもりです」といって酌《しゃく》をすると、「これで最後ですよ」、つまり「これを飲み終わったら、お帰りください」とさりげなく伝えることができる。

同じ意味でよく使われるのが「お開き」だ。「そろそろ、お開きにしましょうよ」といえば、カドを立てずに、おしまいにしたいと伝えることができる。ただし、この言葉は店側は使い方がむずかしい。そういう場合は、「おしまいに熱いのを一本おつけして……」などといってみよう。

それでも、御神輿《おみこし》をあげる気配が見られなかったら、「もう遅いので、そろそろ……」とか、「そろそろ電車がなくなる時間ですが……」などと、「おしまいにしてください」サインを送ってみよう。

逆にいえば、そこまでいわれないうちに引き揚げどきを判断し、適当に切り上げるようにするのが飲む側の心づかいといえる。

お粗末《そまつ》さま——◉「ご馳走さま」といわれたら…

手作りでもてなされるほど感激することはない。心の底から「ご馳走さま」といわれたら、なんと返したらいいだろうか？　こんなときの常套句《じょうとうく》がちゃんとある。

ひそかに思う男性を自宅に招いて手料理でもてなせば、たいていは〝陥落〟するそうだ。「ご馳走さま。ああ、おいしかった」と彼がいったとき、彼女が「お粗末さま」といえば、作戦はさらに完璧。

こうした言葉を使いこなすことは、しつけの行き届いた、きちんとした家庭で育ったことを示しているからだ。

「お粗末さま」は、「ご馳走さま」に対して返す決まり言葉。もちろん、本心から、粗末なものを出してすまないといっているのではなく、あくまでも謙遜《けんそん》した日本らしい表現だ。

少し前までは、家族の間でも、「ご馳走さまでした」というと、妻や母親などが「お粗末さまでした」といったもの。挨拶言葉はふだんから口にしていないと、いざというときに出てこない。最近の家庭では、「ご馳走さま」の答礼は行なわれているだろうか。

「お粗末さま」の代わりに、「お草草《そうそう》さま」ということもある。草は、書体の「楷書《かいしょ》」「行書《ぎょうしょ》」「草書《そうしょ》」とか、礼法の「真」「行」「草」などの「草」。いずれの場合も、本来の形をかなり自由に崩した形をいい、その自由奔放《ほんぽう》さを楽しむのである。「お草草さま」は、「きちんと行き届いたものでなくすみませんというぐらいの意味になろうか。もちろん、これも謙遜表現だ。

いうまでもないが、レストランなど外でご馳走した場合には、先方が「ご馳走さま」といっても「お粗末さま」は使わない。自分が選んだ店が、粗末な料理を出したことになり、かえって失礼になってしまうからだ。こうした場合は、「お口に合いましたか」という。

お口汚《よご》しですが

●食べ物をすすめるときに添えたいひと言

他人に対するときは、へりくだった言い方をするのが日本の伝統作法。少し古くさく感じても、相手が年長者である場合などは作法どおりのほうが受け入れられやすい。

人に食べ物をすすめたり、進物《しんもつ》をする場合は、だれでも十分に吟味した自信のあるものを選ぶはずだ。最近は、そうした気持ちを素直に表し、「これ、このあたりの名物で、とてもおいしいと評判なんです。どうぞ、お召し上がりくださいた(ご賞味ください)」というような言い方が一般的になっている。

だが、年長者やマナーにうるさい人には「お口汚しですが」というほうが、好感を持たれやすい。

「口を汚す」とは「まずい」という意味ではなく、口を汚す程度の大したものではありませんが、という意味である。もちろん、実際に出すものは心を尽くし、腕によりをかけてつくった自信の一作なのである。つまり、「お口汚し」はあくまでも、謙遜に徹した言い方だということだ。

また、この言葉は、大皿や大鉢に盛大に盛りつけたご馳走には、似つかわしくないことを知って使いたい。

「お口に合えばよろしいのですが」とか「お口に合いますかどうか」という場合もある。味の好みに合うかどうかという意味というより、「私どもでお出しするような粗末なものがお口に合いますかどうか……」というニュアンスになり、これも、謙遜の思いを表した言葉になる。

「おばさまはお饅頭《まんじゅう》がお好きだったでしょう。ですから、○○屋の利休《りきゅう》饅頭を求めてまいりました。きっとお口に合うと思いますが……」のように、相手のために、わざわざ労を尽くして求めたものだと伝えるのもよい。

言葉とは、相手に合わせて選び分け、使い分けるもの。話し相手やシチュエーションしだいで、同じ言葉がベストな言葉づかいになることもあれば、場に不似合いな言葉になることもあるということだ。

いただき立ち

●食事をご馳走になってすぐに帰らなければならない…

食事までご馳走になったのに次の予定時間が迫り、食後すぐに帰らなければならない。そんなときに非礼を詫びる言葉を知っておくと、マナー知らずといわれずにすむ。

食事をご馳走になったら、その後もゆったりと一緒の時間を過ごし、心ゆくまで談笑にふけりたいもの。ご馳走するほうも、たいていは食事が本命というわけではなく、じっくり話したいという気持ちを持っているはずだからだ。

ところが、どうしても時間の都合がつかず、食事を終えるとすぐに帰らなければならないこともある。そんな場合は、「いただき立ちで失礼ではございますが」というと礼にかなった挨拶となり、不快感を与えない。

「いただく」は食事を食べたり、飲んだりすること。「立つ」は「出立《しゅったつ》」の意である。

午前中に用をすませる心づもりで訪問したのだが、つい話が長引き、昼時になってしまった。すると、「お昼ご飯をいかがでしょうか。この辺においしいうなぎ屋があるんですよ。今すぐ、注文いたしますから」といわれた。だが、午後は午後で予定があり、そうゆっくりもしていられない。

こんな場合は、「せっかくですが、午後の予定があり、いただき立ちになってしまいますので今日は失礼させていただきます」といえば、スマートに食事の申し出を断ることができる。知っておくと便利な言葉だ。

お持たせですが

●いただいた菓子などを一緒に食べるときの常套句

来客が持参した菓子などを、来客と一緒に食べるのは失礼に当たらないだろうか？　そんなとき、このひと言を添えれば、礼儀を欠くことはない。

来客が、おみやげにケーキなどを持ってきてくれた。それを、そのお客に出すとき、「お持たせですが」とひと言添えると、失礼な印象がなくなるだけでなく、喜びを共有したいという気持ちも表現できる。

いちごのショートケーキなどのポピュラーなものは、もてなす側も同じものを用意していることもある。

そんなときは、来客が持ってきてくれたものを「お持たせですが」といって出すのがマナー。そうしないと、お客が持ってきたケーキより、あらかじめ用意してあったもののほうがおいしそうだから出した、というふうにとられかねない。

そうした失礼を避けるためにも、来客は訪問したらすぐに、玄関先などで手みやげを差し出すようにする。

また、受け取ったほうはその場で、「なんでしょう、うれしい」などといって中身をたしかめるか、「遠慮なく頂戴します」「ありがたく頂戴いたします」といって、奥で包みを開けて中身をたしかめるようにする。

「お持たせですが」といってケーキなどを出す場合は、来客だけに出すのは失礼になるということにも気をつけたい。

「私もお相伴《しょうばん》にあずかります」「私もご馳走になります」などといって、来客と一緒に味わい、「さすがに○○屋のケーキはおいしいですね」と、お客が持参したものをほめる。これも大切な心づかいだ。

なお、お客が持参したものではなく、ほかの人からの頂き物を出すこともある。そんなときには、「到来物《とうらいもの》ですが、おめずらしいと思いまして……」のようにいって出すようにするといい。

ご散財をおかけしました――◉相手にお金を使わせてしまったときに

相手が目上で、懐《ふところ》も豊かだという場合でも、大きなお金を使わせてしまったら、「ありがとうございました」だけでは言葉が足りない。そんなときにはこのひと言を。

上司や先輩にすっかりご馳走になってしまった。そんなとき、「今日はご馳走になり、ありがとうございました」でももちろんよいが、ひと言、「ご散財をおかけしてしまい、恐縮です」といってみよう。

そういわれた相手は、「なかなか気のきいた言葉を知っているヤツだな」と思うだろう。むろん、あなたの評価も上がるはずだ。「ご散財をおかけしました」は、そんな場合の決め言葉である。

散財とは、大きなお金、予定外のお金を使うこと。友人から、結婚祝いや出産祝いをもらった場合なども、「散財かけて悪かったな」などと使うこともある。

相手がリッチであることがよくわかっている場合や、得意先で接待を受けた場合などには、「ご散財をおかけしました」は、かえって失礼に響くこともある。こんな場合は、ごく普通に「すっかりご馳走になり、ありがとうございました」でよい。

また、こんなケースもある。

割り勘で、と思っていたのに、相手が支払いをすませてしまい、「まあ、今日のところはいいよ」とお金を受け取ってくれない。そんな場合は「では、今日は甘えさせていただきます」と素直に従うほうが、相手の気持ちを損なわないものだ。

こうした場合も、「ご散財をおかけしてしまい……」は、皮肉に聞こえてしまう心配があるので使わない。

つまり、「ご散財をおかけしました」の使い方は、けっこうむずかしいということがわかるだろう。それだけに、最適の場で使うと評価アップを期待できる。

お気持ちだけいただいておきます

◉相手の厚意に応えられないときに

ありがた迷惑という言葉がある。厚意からであることはわかるのだが、こちらにとってはうれしくない、あるいは迷惑だ。そんなとき、相手の気分を害さずに断るには。

人から贈り物をもらうことは基本的にはうれしいことだが、なかにはもらうべき筋《すじ》だとは思えない場合がある。また、すでに自分も持っている、センスが合わないなど、もらっても無駄にすることが明らかなこともある。

こんなときには、「お気持ちだけいただいておきます」というとよい。結局は相手が差し出した贈り物を突っ返すことになるのだが、「お気持ちだけいただく」という気のきいたフレーズのおかげで、相手はそう悪い気はしないものだ。

また、相手が、経済的にゆとりがないことはわかっている。そんな友人が、一緒に飲んだ費用を半分持つという。こんな場合も、相手の事情を察して、「今日のところは気持ちだけもらっておくよ」のようにいえば、相手もこちらの配慮をすんなり受け入れてくれるはずだ。

だが、相手の性格によっては、そういわれるとバカにされたように感じることもあるようだ。「気持ちだけいただく」は、相手の性格、立場などを十分考えに入れたうえで使うようにしたい。

ご自愛ください——●手紙やメールの最後に添えると好印象に

「お体に気をつけて」では、健康面への配慮をうながすだけの言葉で不十分。毎日、大事に過ごしてくださいね、という思いを丸ごと伝える便利な言葉はないだろうか。

別れぎわには、よく、「くれぐれもお体を大切になさってくださいね」「あなたも、どうぞ……」などと、おたがいに相手の健康や無事を祈る言葉を言い交わすことがある。だが、長い別れや遠く離れてしまう場合でないと、こうしたやりとりはいささかオーバーではないだろうか。

「ご自愛ください」は、こうした場合にひと言添えて、相手への気づかいをほどよく伝える決まり言葉だ。

「ご自愛」とは、ご自分のことを大切にしてくださいね、という意味。健康に気づかうことはいうまでもなく、仕事や勉強、私生活でも無茶や無理をしないこと、品行を慎むことなど広い意味を持っている。

手紙やメールの最後にも、「ご自愛ください」「ご自愛のほど、祈り上げます」と書き添えると、ていねいで行き届いた印象になる。

かしこ——●手紙の最後に書かれているが…

大叔母からの手紙の末尾には、必ず「かしこ」と書いてある。たしか、名前は「しのぶ」だったはずだが…などといったら笑われる。いったい、どういう意味なのか？

女性の手紙文の末尾に書く常套句。使われ始めた歴史はかなり古く、江戸初期には「めでたくかしく」「めでかしく」「かしく」などがよく使われた。明治になってからは、「あなかしく」「あらあらかしこ」「かしこ」と使われるようになった。

鎌倉初期の『玉章秘伝抄』に、「穴賢《あなかしこ》」は、準漢文体書簡の「恐惶謹言《きょうこうきんげん》」と同様の礼であると定める一文がある。「恐惶謹言」とは、恐れ入りながら、謹んで以上のことを申し上げます、という意味になろうか。

つまり、本来和文体の結びの言葉であった「穴賢」が、このころから女性や子ども、また主人から家来へつかわす手紙である準漢文体書簡の結びとしても使われるようになり、それを正式に礼法にかなうものと認められるようになった、というわけである。

年配の女性の手紙などに今も見られる「かしこ」は、その流れ。また、「あなかしこ」は、「あなただけにあてた親書ですよ」という意味合いを含む、という解釈もある。

3章

言いにくいことも穏やかに伝わる言葉づかい

いわゆる「三K」（きつい・汚い・危険）は、言葉や表現にもある。そのものズバリで表現すると、口にするほうも耳にするほうも不快になる。まわりの人も、口にした人を下品だとか、場をわきまえないなどと非難したりする。

かといって、いいたいことを口にせず呑《の》み込んでしまうのも、ストレス要因のひとつになる。そんな場合には、少しピントをぼかした表現にしたり、間接的、婉曲《えんきょく》的な表現にしたりすると、印象を変えることができる。

あるいは、ユーモラスなタッチを加えるのも、「三K」言葉を聞きやすくし、スマートに切り抜けるテクニックのひとつだ。

いろいろな表現方法を覚えておき、相手によって、また、時・所によって、使い分けたい。

先立つもの

●「お金」というと、えげつないけれど…

お金のことをストレートに口にすることは、品がないと考える人は少なくない。ではどう表現する？　まさか、指で「○」をつくるわけにもいかないし…。

だれがそう言い始めたのか、お金といわずに、「先立つもの」という、言い得て妙な表現がある。何をするにしても、まず、お金が必要だということから、お金イコール「先立つもの」という表現が生まれたのだろう。

「貧乏は恥ではない、とはすべての人が口にするが、ほとんどの人は納得していない」ドイツの劇作家コッツェブーのこの言葉に、思わずうなずく人も少なくないだろう。

「今日は久しぶりに盛大に飲み会をしようよ」とだれかが言い出した。ところがあいにく、給料前で懐《ふところ》はピンチ。そんなとき、親指と人さし指で○をつくり、「……がねえ」などという人がある。それでも意味は通じるが、少々えげつない印象であることは否めない。

こんなとき、「すみません。今日はパスで～す。理由は先立つものの関係で……」といえば明るい響きで、品を損なう心配もない。

手元不如意《てもとふにょい》 ●「お金がない」も、こういえばスマート

だれにも事情というものがある。今日は持ち合わせがないという状況を、さりげなく、でも、きちんと伝えたい。そんなときに知っておくと重宝《ちょうほう》な言葉がこれだ。

「手元不如意」とは、手元が思うようにならないこと。転じて、「お金がない」ことを遠まわしに伝える言葉として使われる。

孫悟空の如意棒をご存じだろう。思いのままに伸びたり縮んだりする、あの棒のことだ。「如意」とは、ものごとが自分の思いのままになる不思議な力をいう、仏教に由来する言葉なのである。

如意という言葉からすぐに連想されるのは、如意輪観音像《にょいりんかんのん》だろう。有名なところでは、奈良・東大寺金堂の如意輪観音像、同じく奈良・室生寺《むろうじ》本堂像、三井寺《みい》（園城寺《おんじょうじ》）観音堂本尊像などがある。どれも六本の手があり、右第二手に如意宝珠を持ち、人々の悩みを〝思うがままに〟解決する不思議な力を持つ仏と崇《あが》められている。

「手元不如意」という表現からは、「たまたま如意宝珠を持ち合わせなかったので……」と

いう意味も伝わり、どことなくおかしみも漂《ただよ》ってくる。

「これ、気に入ったわ。でも、今日は手元不如意なので」といえば、ATMに走ればお金がないわけではないが、たまたま手元にお金がないのだから今日のところは我慢しよう、というぐらいの〝窮乏《きゅうぼう》感〟を表している。だから、その場に居合わせた人にも、そんなに暗いイメージは与えない。

誘いを受けたのだが、あまり気が進まないというような場合、「ごめん、あいにく手元不如意なんだ」といえば、相手もすんなりわかってくれるはず。こうしたニュアンスを解《かい》さず、「金なら、オレが貸すよ」と言い出すのは、相手の気持ちを汲《く》み取れない、つまり空気が読めない無粋《ぶすい》な行為になってしまう。

火の車 ●窮乏状態が長く続いているときに使う言葉

手元が苦しく、やりくりに追われながらも、なんとか日々をしのいでいる。「もう、いっぱいいっぱい」という状況を、あまり重くならないように表現したいという場合に。

「火の車」といえば、経済状態が苦しいことを意味している。

同じ、経済状態が苦しいという表現でも、「手元不如意」は、「今日はたまたまお金の持ち合わせがない」というニュアンスが強い。一方、「火の車」は、会社の資金繰りがきついとか、家計のやりくりが苦しいというように、長期的にお金がない状態をいう。

「火の車」とは、仏教用語「火車《かしゃ》」を訓《くん》読みにしたもの。火車とは文字どおり、火が燃えさかる車のことで、生前に悪行を働いた者を地獄に運ぶときに乗せる乗り物をいう。火が燃えている車で、しかも行く先は地獄とあっては、その苦しさは想像するにあまりある。そうしたことから、経済状態が苦しく、やりくりに追われる家計を「火の車」というようになった。

「住宅ローンはあるし、子どもの教育費負担も大きい。わが家は火の車だよ」というと、どことなくユーモラスな感じがあるためか深刻な響きが和《やわ》らぎ、聞く人にも大きな負担を感じさせずにすむ。聞くほうも、「うちもご同様ですよ。サラリーマンはどこでもそうなんじゃないかなあ」と軽く応じれば、それで終わり。

だが、営業トークなどで、「どうぞよろしくお力添えください。わが社もこのところ火の車でして」などというのはいけない。ネガティブなイメージが強すぎ、そんな危なっかしい会社とは取引などできないと、かえって逆効果になってしまう。

苦しい内情を伝えたいなら、「わが社もこのところ、ちょっと苦戦しておりまして」ぐらいでとどめておくほうがよい。

今回は見送らせてください──◉取引先からの依頼をカドを立てずに断るときに

ビジネスでは、ときには無理を持ちかけられることもある。そんなとき、相手の感情を害することなく「ノー」がいえたら一人前だ。では、どういえばいいか？

日頃、世話になっている取引先から緊急の連絡が入った。すぐに飛んで行くと、これまでの半分の納期でなんとかならないかという依頼。どう考えても無理な話だ。

だが、「ご冗談ばっかり。そんな日数では無理なことぐらい、そちらだっておわかりでしょう？」といってしまえばジ・エンド。これでは相手のメンツが丸つぶれだ。

こうしたときに重宝なのが、「申し訳ありませんが、今回は見送らせてください」という言葉。この言い方ならば、まず、「申し訳ない」と丁重《ていちょう》に謝っているわけであり、「今回は」とわざわざ断ることによって、「今回はたまたま申し出を受けられないが、今後もおつき合いのほど、よろしくお願いします」という思いも十分伝えられる。

無理を承知で引き受ける場合には、「ほかならぬ御社のご依頼とあれば……」「正直に申しますと、かなりきつい日程なのですが、日頃、お世話になっている御社のたってのご依頼なのですから……」といって引き受けると、今回、引き受けるのは特別なのだ、という意味合いを伝えることができる。

いたしかねます

●お客から難題を押しつけられたら

顧客本位主義を勘違いしてか、常識を疑うようなクレーマーもいる。だが、「無理です」「できません」といってはカドが立つ。やんわりと、しかし毅然《きぜん》と拒否するなら?

接客業の現場などでは、お客から無理難題を押しつけられたり、とんでもないクレームを持ち込まれたりすることもある。

そうした〝非常識〟な相手に、「お客さま、それは無理でございます」などというと、かえってお客の気持ちを逆なでしてしまう結果にもなりかねない。「この店では、客のいうことを聞けないのか」とさらにすごまれ、騒ぎが大きくなれば、ほかのお客にも悪い印象を与えることになってしまう。

こんなときは、店側も毅然とした態度できっぱりと、「〜いたしかねます」と対応するとよい。「〜かねます」は、「〜するのはむずかしい」という意味で、「いたす」は「する」の丁寧表現。丁重な言葉を選んで、「できない」「(お客の申し出を)受け入れられない」と伝えているわけである。

クレームや無理難題に対応するときには、ひたすら低姿勢をとり、「申し訳ありません。お引き受けしかねます」といって頭を下げ、よけいな言葉を発しないようにする。

こちらが多くを語らなければ、お客のほうはじれて、あれこれしゃべりだすことが多い。こうしてひとあたり吐き出すと、腹の虫が治まるのか、お客のほうから「できないっていうんじゃ仕方がないや」などといって引き下がることが多い。

手がふさがっております
●依頼を断りたいときの便利な言葉

上司から仕事を命じられたが、今、手の離せない仕事を進めている最中だ。そんなとき、上司の命にそむくわけではないが、仕事を受けることはできないと伝えたい。

上司から、急な仕事を命じられた。だが、少し前にも別の仕事を頼まれていて、それにかかっている。今は手を離せない――。そんなときには、まず「手がふさがっております」と答えるとよい。

ただし、「ただいま、先日、課長がお申しつけになられたAプロジェクトの企画書の原稿作業を進めておりまして、手がふさがっております。ちょうど調子が出てきたところなので、できれば、このまま進めさせていただきたいのですが。それとも、今度の仕事のほうをお急ぎでしょうか」と、優先順位を確認すること。

「今、A社の企画書をまとめていますから、ムリで～す」などと答える人があるが、全体を掌握《しょうあく》している上司のほうが、仕事の緊急度を的確に判断するはずだ。まずは上司の判断を仰ぎ、指示に従うようにしよう。

「手がふさがっております」はセールスマンなど、突然の訪問者に対しても有効な言葉になる。

家から家を回るセールスマンは、百戦錬磨《ひゃくせんれんま》のツワモノぞろい。「そうねぇ、少しお話を聞くだけなら」などと答えてしまうと、少しどころか、えんえんとセールストークを聞くはめになる。

だからといって、「いりません」「うちは関心がありません」などと切り口上で断れば、相手の感情を害するだけでなく、こちらまで、なんとなく気持ちが波立ってしまう。

こういうときに「今、手がふさがっておりますので」というと、やんわりと、今は忙しいから帰ってください、と伝えられる。

おしゃべり好きな近所の奥さんを撃退するときにも、「ごめんなさい。今、ちょっと手がふさがっていて……。またにしてくださる？」などといえば、うまく切り抜けられる。

潔《いさぎよ》しとしない――●良心や誇りにかけて、どうしてもしたくないときは

一寸《いっすん》の虫にも五分《ごぶ》の魂、という。生きていくことはときに厳しいが、とはいえ、絶対に譲れないものがある。そうしたものを守るために、申し出を断るときは……。


「あの企業が……」と驚くような一流企業での不祥事が相次いだ。そのほとんどが、企業内告発をきっかけにして露見《ろけん》しているが、調べてみると、不正はかなり以前から行なわれていたとわかった。

つまり、そこで働く人の心は「不正はイヤだ。だが、上からの命令に反発すればクビになるかもしれない」と、大いに揺れていたはずだ。

だが、ついに、不正を正そうという方向に振り子が振れた。これ以上不正を続けることを「潔し」とはしなかったのだ。

「潔しとしない」は、自分の良心や誇りに照らし合わせると、どうしてもそんなことはできない、という気持ちを端的に表す言葉だ。

二日酔いだ。会社をズル休みしたい思いに駆られる。いっそ、田舎の親を急病にしてしまおうか……。だが、やっぱり、出勤することにした。こんな場合にも「親を病気にするのは潔しとしない」と使ったりする。

ぞっとしない

●ほめ言葉ではないので、勘違いしないこと

センスがない、感心しないと思っても、それをそのまま口に出すと相手は傷ついてしまう。それとなく相手にそうした印象を伝え、見直しをうながしたいのだが…。

社会人にもなって、服装のことまでとやかくいいたくはないのだが、今年入ってきた部下のネクタイは、大きなドクロ模様。これで営業に出られると、会社のイメージにもかかわってくる——。

こんなときには、「キミのネクタイ、ぞっとしないね」といってみよう。

「ぞっとする」といえば、背筋がゾクッとするような恐ろしい思いをすることをいう。「ぞっとしない」はその反対。だから、「いい思いをする」イコールほめ言葉だと思っている人もいるようだが、それは間違い。

「ぞっとしない」は「ゾクッとするような感動がない」こと。そこから発展し、今では、「つまらない」「くだらない」「センスがない」「よくない」というような意味になっている。

たいていは、服装や趣味などのセンスがよくない場合に使われるが、ときには、「キミの企画案はぞっとしないねえ」のように使い、暗に、「企画がつまらない。もうひとひねりしてほしい」という思いを伝えるときにも使われる。

曰《いわ》くつき

●好ましくない事情や経緯があると伝えたい

同僚の交渉相手は、業界ではとかくの噂《うわさ》があると聞くので注意をうながしたい。そんなとき、くわしい事情まで語らなくても、それと知らせる言葉があったら…。

過去にトラブルを起こしたなど、よからぬ前歴がある人だと相手に伝えたい。でも、トラブルについてくわしい事情はわからない。

あるいは、今さらくわしく話す必要もないというときに、「彼は曰くつきの人間だよ」といえば、ひと言で、ズバリ、そうした趣旨を伝えることができる。「とかくの噂がある人だよ」のようにいう場合もある。

気をつけたいのは、いい評判がある人のことを「曰くつき」「とかくの噂……」とはいわないことだ。

「曰くつき」も「とかくの噂……」も、必ずネガティブな事情を指す場合に使う。したがって、この言葉は当人の目の前では口にしない。

「あなたは曰くつきの人だそうですね」といわれて、腹を立てない人間などいるわけがなく、どんな結果になるかは目に見えている。

不動産物件などでは、前の住人がその部屋で不審死を遂げたとか、漏水《ろうすい》事故があったなど、瑕疵《かし》物件というわけではないのだが、一般的には敬遠されることが多い物件を「曰くつき」物件といったりする。

だが、最近は、「曰くつき」物件ならば相場より格安で手に入ると、それなりに借り手や買い手がつくという。世の中、現実的になったものだ。

クセのある方

●「嫌いな人」も、こういうとカドが立たない

人の欠点や悪口をあけすけに口にするのは、もっとも品を損なうモノの言い方。遠まわしながらも、いいたいことをちゃんと伝える物言いを身につけたい。

品位ある姿勢を貫こうとするなら、どんな場合も、人の悪口や批判は口にしないこと。とはいえ、話の流れで、自分があまり評価していない人について、印象を求められることもある。そんなときには頭を素早く回転させ、あたりさわりのない表現を見つけるようにしたい。

「クセのある方」はそのひとつ。自己中心的で、自分の意見にこだわるなど、協調性のない人を指す表現だ。「ご自分の世界を持っておられる」も使い方しだいで、ネガティブ表現になる。服装のセンスがいまひとつ、という人は「個性的なおしゃれを楽しんでいる方」「ユニークな感性の持ち主」といえばよい。

自分とはソリが合わず、どうしても仲よくする気持ちになれない人ならば、「彼女とは価値観が違うので……」とか、「ちょっと合わないところがあるようで」といえば、おたがい

が傷つかない。
優柔不断《ゆうじゆうふだん》な人ならば「おっとりしておられる」「万事に慎重な方」、せっかちな人なら、「頭の回転が速い」「決断が速い方」などと言い換えられる。

うろん――●あやしい雰囲気を漂わせた人をこう表現する

万引きジーメンは相手の目つきを見ただけで、この人は万引きするな…と看破《かんぱ》するそうだ。そんなあやしげな目つきをひと言で表現する決まり言葉。

「胡乱」と書いて「うろん」（「う」「ろん」ともに唐音）と読む。昔、胡《こ》が中国に侵入したとき、住民があわてふためいて避難したことから生じた言葉という。「胡」は異国のことで、自分たちとは言葉も風俗も異なり、理解不能であることから、怪しい、疑わしい、不誠実だという意味に使われるようになった。

「うろんな人」といえば、あやしげで信用ならない人とか、うさんくさい人という意味になるし、「うろんな目つきでそこらを歩きまわっていた」といえば、落ち着きのない目つきでうろうろしている様子をいう。

「証拠がなく、うろんだ」というように、根拠が見いだせず、信用できないという場合にも使われる。ほかにも、うろんな口実、うろんな雰囲気、うろんな立ち居振る舞い……とさまざまな状況で使われている。

「うろんな人」を見つけ出し、なんとかいいくるめて会場から締め出してしまいたいとキョロキョロ見回していたら、自分のほうが「うろんな目つきの人」だとあやしまれてしまった、というようなことにならないように。

したり顔

いったい、どんな顔のこと?

「態度のデカイ人」はどこにでもいるものだ。だが、ちゃんと実績もあるとなると文句のつけようがない。そんな人が、しばしば浮かべる表情がこれだ。

「したり顔」は、「なんでも知っているという顔」ではなく、「してやったり!」というときに浮かべる顔。

どの業界でも、営業の第一線では、火花を散らすような熾烈《しれつ》な競争をくり広げている。そんななか、正攻法ではなく、人の心理の裏をかくような作戦で成功を収めたとしよう。

そんなとき、その営業マンはにんまりと、いかにも「してやったり！」という顔をするはずだ。それがしたり顔である。最近は「ドヤ顔」もよく使われる。

だが、どんなによい実績をあげても、不用意にしたり顔など浮かべるものではない。いい気になっているとバカにされるだけだ。公《おおやけ》の場ではつねに自分を抑制し、平常心を保って淡々と過ごすのがいちばんだ。

臆面《おくめん》もない
●反省や遠慮のかけらもないことをいう

この前、あれほど苦言《くげん》を呈《てい》したのだから、しょげた顔でやってくるかと思っていたら、何事もなかったような平気な顔。無神経な部下のそんな態度を表す言葉。

ちょっと叱るとしゅんとしてしまい、すぐに自信を失い、やる気まで失ってしまう社員と、どんなにきつく叱ったつもりでもまったくこたえず、反省どころか、気後《きおく》れした様子も見られない社員。

自分が上司なら、どちらも扱いに困ってしまうだろう。とくに後者は、「キミ、叱られているのがわからないのか！」と思わず声を荒らげたくなってしまう。

「臆面」の「臆」は臆病という意味。「面」はいうまでもなく「顔つき」をいう。つまり、臆した顔つきが「臆面」。それがないのだから、苦言を呈されてもオドオドしたり、気後れすることなく、平気の平左《へいざ》。カエルの面《つら》に小便。後者の若者が浮かべる表情は、まさに「臆面もない」という表現そのままだ。

「彼のミスで長年の得意先を激怒させてしまった。だが、彼は臆面もなく、上司に向かって、部下のミスは上司の責任だといいますよね、といってのけたというから呆《あき》れたものだね」などというように、「臆面もない」という場合は、そうした態度をよく思っていないというニュアンスが含まれ、言外に相手の無反省や無思慮を憂《うれ》える思いが込められている。

けっしてほめられているわけではないことだけは、胆《きも》に銘《めい》じておこう。

にべもなく…

●人間関係が希薄な時代を象徴する言葉

同じ「ノー」というのでも、相手に対する温かな心があるか否かで、言い方は微妙に異なる。「にべもなく断られた」といった場合は、どんな断られ方だったのだろうか。

愛想がなく、冷たく、つれなくそっけなく、とりつくシマもないような態度を示すことを「にべもなく」という。

「思いきって、彼女につき合ってほしいと声をかけてみたんだ」「で、どうだった?」「にべもなく断られてしまったよ」などと使う。

「にべ」とは聞き慣れない言葉だが、漢字では「鮸膠」と書く。「鮸《にべ》」はスズキに似た海水魚で、その浮き袋からつくられるのが「膠《にかわ》」。ねっとりと粘りがあり、強い接着力を持っている。自然の産物だけに、長い年月が経っても狂わない、変質しないなどの特長があり、今でも伝統的な手工芸ではニカワを用いることが多い。

熱するとかなり強い独特の臭《にお》いを放つので、伝統工芸の職人の家には、「ニカワ」の臭いがしみ込んでいるものだ。

このニカワのねばねばした状態から、「にべ」は人間関係の密着度を表す場合にも使われるようになっていった。現在では「にべもない」、つまり、人間関係が疎遠《そえん》で無愛想だという否定形だけが残っている。

「にべもなく」といった場合には、二度とアプローチできないというような、強い拒絶が含まれていることが多い。

「B店の開店一〇周年イベントを、競合企業のA社と協力して開催しようと考え、打診をしてみたんだが、にべもない返事だった」といえば、まるっきり関心を持ってもらえず、手応えゼロであったことを示している。

「にべもない」は、相手の行為に対して使うのが原則。自分がそっけない返事をしたからといって、「にべもない返事をしておいた」とは使わない。

ないがしろにする――●相手としっかり向き合わないと、こう一喝される

「ないがしろにする」は、存在を無視することをいう。その底には、相手を軽蔑《けいべつ》し、バカにする感情が見え隠れしている。むしょうに腹が立つのは、そのためだろう。

自分の出した企画なのに、いつのまにか提案者の名前が課長になっている。そのうえ、その企画が採用されると、自分はその企画のチームからはずされた――。こんなとき、内心、「まったく、人をないがしろにするにもほどがある！」と毒づいた経験を持つ人も少なくないだろう。

「ないがしろにする」とは、無視すること。あるいは軽蔑して、きちんと向き合おうとしない態度をいう。

「ないがしろ」の語源は「無きが代《しろ》」。「代」は「身代金」「飲み代」などという言葉からもわかるように、あるものの代わりになるものを指す。

「無きが代」とは、代わりさえもない→ないに等しいという意味になる。「ないがしろにされる」とは、存在しないも同じだという態度をとられることを意味している。これに腹が立たないで何に腹が立つだろう。

だれだって「ないがしろ」にされれば面白くない。それに気づいたら、自分は相手を無視するような行動をとらないように気をつけよう。自分のとった行動はやがて、自分に返ってくる。そう思い、ひたすらだれに対しても誠実に向き合うようにしていると、やがて「ないがしろにされる」ことはめっきり減ってくるはずだと信じたい。

おざなり——●その場しのぎの言動のツケは、結局、自分に回ってくる

やる気がなく、いいかげんな態度が目にあまる。かといって、それを指摘すればむくれてしまう。そんな手を焼く部下を叱るとき、彼らの姿勢をひと言で表すと…。

おざなりの「お」は接頭語。「ざ」は座敷。「なり」は形状を表す言葉。

江戸時代、座敷（宴会の場）で、その場だけ取りつくろった言動をすることを「座敷成り」「座成り」といった。

「おざなり」はその言葉に「御」をつけることによって、意味を強め、さらに皮肉なニュアンスまで加えた言葉。いい加減にものごとをすませたり、その場かぎりの間に合わせでものごとを行なったり、いったりすることを指す。

やる気がないのか、明らかな手抜き、気抜きの仕事ぶりが目立つ部下に、「おざなりなやり方をするから、こんな単純なミスをするんだ」と叱るときなどに使う。

また、仕事ぶりに感心できない会社や企画書などを称して、「あんなおざなりな態度（企画）ではとうてい信頼はできないね。A社とのコラボは見合わせよう」などと使う。

百年の不作――●「あまり出来のよい女房ではない」という謙遜《けんそん》表現

「いい奥さんですね」といわれた場合、相手によっては、謙遜した答えのほうが受け入れられやすい。だからといって「愚妻《ぐさい》」という言葉はちょっと…というときに。

「結婚は鳥籠《とりかご》のようなものだ。外にいる鳥たちはいたずらに中に入ろうとし、中にいる鳥たちはいたずらに外に出ようともがく」。古今、結婚に関する名言は数多くあるが、フランスの哲学者モンテーニュのこの言葉は、まことに言い得て妙。

「百年の不作」とは、農作物の不作が百年も続くということから、一生の不幸・失敗という意味になり、転じて「悪妻は百年の不作」のように、配偶者（なぜか妻を指すことが多い）に恵まれない場合の嘆声として使われる。

「いい奥さんですね」と他人からいわれたら、「いえいえ、百年の不作でして……」のように返す。けっして良妻ではないんですよ、という謙遜表現になるが、ちょっとユーモラスな表現であるところから、心底、悪妻だと思っているわけではないというニュアンスも伝わる。

相手も、「そんなことをおっしゃって。奥さんにいいつけますよ」などと、ジョークで応じることができる重宝な言葉だ。

歴史上もっとも有名な、悪妻の持ち主として知られるギリシャの哲学者ソクラテスは、「結婚したほうがいいのか、しないほうがいいのか」と尋ねられ、「どちらにしても後悔するだろう」という名答を口にしている。

離婚がバツ一、バツ二と数えられるようになった現在では、結婚して悪妻だとわかれば別れればいい、と考える人も増えてきた。悪妻もせいぜい「三年の不作」ぐらいというところなのかもしれない。

たたけばホコリが出る——●だれにも欠点や、ミスを犯した過去があるはず

完璧なものなど、この世に存在しない。だれにも欠点や弱点はある。それらが露見したとき、だれにもあることだと慰めたいときなどにぴったりの言葉は？

一流金融企業で、コンプライアンス（法令遵守）にもとる事件が起こった。こんなニュースを目にしたときなど「どこでも、たたけばホコリが出るんですね」などと使う。どんなに誠実に、真っ正直に生きているつもりでも、相手がその気になって細かく詮索《せんさく》すれば、欠点のひとつやふたつは見つかるものだ。あらためて指摘されると、なるほど！とうなずけることも多く、こんなときも「たたけばホコリの出る体」などと、ちょっと自嘲気味に使ったりする。

昔は、年末には町内総出で大掃除をしたもの。大掃除名物といえば、たたみを干し、夕方になると棒でたたいてホコリを出す光景だ。パンパンと棒でたたく音は、今年も押しせ

まってきたことを知らせる年末の風物詩のひとつだった。

掃除機の普及により、たたみをたたく光景はすでに消えてなくなったが、今でも、晴れた日にふとんを干し、取り込むときにパンパンたたいてホコリを出す光景を見かけることはある。

徹底的にたたいてきれいにしたつもりでも、裏に返してまたたたくと、まだまだホコリが出てくるものだ。「たたけばホコリが出る」とは、そんな光景を彷彿《ほうふつ》させる言葉である。

海《うみ》千《せん》山《やま》千《せん》――●「相当したたかな人」という代わりに

人を信じる気持ちは失いたくない。だが、うっかり人を信用すると、とんでもない目に遭うこともある。とくに、その世界を知り抜いた人ほど怖いものはない…。

「あの人は海千山千だから……」といった場合、経験豊富で大いに評価されていると解釈する人がいるが、これは間違い。実際は「経験が豊かで、その世界の裏の裏までよく知っているしたたかな人。だから、油断は禁物」というマイナスの意味で使われる。

したがって、本人の前で「○○さんは、この世界にかけては海千山千ですから」というのはタブー。言葉の意味を熟知している人なら、激怒するに決まっている。

「海千山千」は海に千年、山に千年住んだ蛇は竜になるという言い伝えが語源。言い伝え自体は古いものだが、人の形容に「海千山千」が使われるようになったのは意外に最近で、よく使われるようになったのは昭和に入ってからのことだ。

半可通《はんかつう》――●知らないなら、知らないといえばいいのだが…

ちょっとだけかじったことを、もう熟知しているかのようにいう人がいる。まるっきりのウソつきというわけではないのだが、しかし、正直者というわけでもない…。

「彼は半可通だから」といわれると、ほめられたのかけなされたのかわからないという人も多いだろう。「半可通」とは、よく知りもしないのに、その道のことは深く知っている振りをする人をいう。

人はだれでも、つい、自分を実物以上に見せたいと背伸びをしてしまいがちだ。だが、「知らないことは知っているふりをしない」勇気を持つほうが、かえって信頼を得ることを知っておこう。

「半可」は、可でも不可でもないところから、中途半端という意味を指すという説もあれば、とりとめもない、いい加減なことをいう人を「南華《なんか》」というところから転じたものという説もある。

「半可通」によく似た言葉に「生半可《なまはんか》」があるが、これも中途半端でいい加減なこと、未熟なことを意味する言葉。

「彼は悪い人間ではないんだが、ときどき、生半可なことを口にする癖《へき》がある」などと使ったりする。

お小水《しょうすい》・お通《つう》じ——●これがなければ一大事だが、口にはしにくい言葉

だれでも必ずするものだし、出なければ深刻な事態になるはずなのに、そのものズバリの表現は品を損なう。医者が患者に対して、こう口にすることもある。

「お小水」は小便、「お通じ」は大便のこと。どちらかというと女性言葉だが、男性の医師も「お小水をとってきてください」などとよく使う。

最近、メタボリックシンドロームが話題になっている。腹囲が男性で八五センチ、女性

で九〇センチを超えると生活習慣病の危険領域に入るというのだ。健康の話になれば、排《はい》泄《せつ》に関する話題が出ることもあろう。そんなときには、直接的な表現は避け、「大きいほう」「小さいほう」などということもある。

また、出先でトイレを使いたいときは「お手洗いを拝借《はいしゃく》します」、女性なら「化粧室を拝借します」というと感じがよい。いうまでもないことだが、大事な商談や会議の前には、自社や自宅でトイレをすませておくことも欠かせない準備のひとつである。

それでも、商談中などにどうしてもトイレに行きたくなってしまったら、直接的な表現は使わないで「ちょっと失礼させていただきます」といえば、周囲は事情を察するはずだ。

尾《び》籠《ろう》な話ですが――●排泄に関する話題をする前の常套句

話の展開上、排泄に関する話をしなければならない。そんなとき、これからそうした話題を口にしますが、と断ってからならば失礼には当たらない。

「尾籠な話ですが、最近、渋滞の自動車のなかで尿意をもよおしたときに使う簡便なものができたそうですね」など、トイレにまつわる話をする前には「尾籠な話ですが」とひと言、つけ加えるとよい。

排泄に関する話題は極力避けたいものだが、話の展開上、どうしても触れる必要がある場合、「尾籠な話ですが」という言葉を前置きする。そうすれば、聞き手はあらかじめ、「そういう話なのだな」と意識するので、結果的に、不快感をなくすことができるのだ。

大人の会話をする年代になったら、必要なシチュエーションに応じて使いこなしたい言葉のひとつである。

「尾籠」とは、愚かで馬鹿げているという意味の「痴《おこ》」を「尾籠」と書くようになり、やがて、それが音読されるようになって生まれた言葉。音読するケースが多くなるにつれて、「おこ」と「びろう」は異なる意味に使われるようになっていく。

鎌倉時代の『太平記《たいへいき》』に「ふるまひ、さこそ尾籠に思召し候ひつらん」とあることから、この時代には、「尾籠」は無礼・不作法だという意味で使われていたとわかる。

また、式亭三馬《しきていさんば》の『浮世風呂《うきよぶろ》』に「食べると、尾籠ながら吐きまする」とあることから、江戸時代ではすでに、人前では口にすべきでない汚い行動、事柄につけて使われるようになっていたことがうかがわれる。

4章

美意識、こまやかさを感じさせる言葉づかい

なんてゆかしい言葉なのだろう。

「口福《こうふく》」「おすそ分け」「おしのぎ」などという言葉を聞くと、日本人に生まれ、日本の言葉を日々、口にできることをしみじみ幸せだと思えてくる。

こうした言葉は、少し前までの日本人は、じつに多様な感性を持ち、心豊かに暮らしていたことを示している。

同時に、最近はこうした言葉を聞いたり、使ったりする機会が少しずつ減ってきていることが、限りなくもったいないと思えてくる。こうした言葉が忘れ去られてしまうことは、その言葉に込められた人の思いもまた、忘れ去られていくことになるからだ。

ゆかしい言葉を知ったら、機会あるごとに使ってみよう。使うたびに、その言葉に新たな生命が吹き込まれていくからだ。

口福《こうふく》——●本当の美味に出会ったときのとっておきの言葉

そのもののおいしさはもとよりだが、もてなす側の深い心づかいに触れたとき、通り一遍の言葉ではその満足感を伝えきれない。そんなときに使いたい言葉。

「口福」とは、心の底からしみじみおいしい、と深い感慨にひたれる味に出会った満足感を伝える言葉である。

「口福」は辞書にないことが多く、気のきいただれかが「幸福」とイメージを重ねて使い始めた造語だったのかもしれない。

世界の三大美味などの豪華絢爛《けんらん》たるご馳走ではなく、地方に伝わる素朴な味や、膨大な手間と時間をかけなければ生まれないような味に触れたときにこそ使いたい。そうした味は舌を堪能《たんのう》させてくれるだけでなく、深く心の底までしみ通り、日々に疲れた心をそっと癒《いや》してくれるような気までする。

学生のころ、ふとした興味から禅寺に参籠《さんろう》したことがある。早朝、暗いうちに起床。身づくろいすると禅堂に向かい、静かに座る。その後は寺内の清掃などをしたが、すべてが無言のうちに行なわれる。

その後、口にした食事はまさに「口福」そのものだった。一汁一菜の簡素なものだが、口に含むと胃の腑《ふ》にしみ、やがて全身にしみこんでいくような力のある味なのだ。金にあかせたグルメ三昧《ざんまい》では味わえない味。それこそが「口福」なのかもしれない。

「口福」は「幸福」と音が重なるところから、文字で美味を伝えるときに使われることが多い。

ちなみに、「口福」と同じ発想から生まれた言葉に「耳果報《みみかほう》」がある。素晴らしい音楽をきいたときはもちろん、待ちかねていた吉報が届いたときなどにも使う。

おすそ分け

●いただきものを知り合いに分けるときに

自分のもとに届いたものを知り合いに分ける。少しばかり届けるのは失礼にあたりそうだが、このひと言を添えれば、喜びを共有したいという真意を伝えられる。

ご近所とのつき合いがどんどん疎遠《そえん》になってきている。それとともに姿を消しつつある言葉が、「おすそ分け」だ。「おすそ分け」は、季節のものや珍しいものが送られてきたときなどには、知り合いにも少し分け、その喜びをみなで味わおうという昔ながらの習慣だった。

「おすそ分け」の「すそ」は衣服の「裾」。つまり、主要な部分ではなく、端っこという意味で、下の者などにものを少し分けてやることを「裾分け」といった。一六〇三年の『日葡《にっぽ》辞書』(日本イエズス会が刊行した日本語・ポルトガル語の辞書)にも記載されていることから、かなり古くからあった言葉だとわかる。

喜びを共有するところから、めずらしいものを届けられたほうは、「おすそ分けをもらう」とはいわず、「おすそ分けにあずかった」「おすそ分けをいただいた」というのが決まり。

おすそ分けに使った容器には、「おうつり」といって、ささやかなものでいいので、何かお返しを入れて返すのが習慣だった。適当なものがない場合は、マッチ箱や楊枝《ようじ》、折り紙などを入れたりしたものだ。

これは、何かお返しをしなければという思いではなく、「喜び」を再び伝え合い、喜びの連鎖をつくるという思いを象徴してのことである。

最近は、新婚旅行から帰った人が職場の同僚におみやげを配るときに「これ、幸せのおすそ分けで〜す」などと使ったりする。

おしのぎ——●小腹をちょっと満たしたいときに

食事をとるほどではないが、ちょっとお腹がへった。そんなとき、口にするものをなんと表現すればいいのか。年長者と一緒のときなどにはこういうとエレガント。

ちょっとお腹がすいたときに、軽く何かを口にすることがある。そんな何かを、「おしのぎ」という。

茶懐石から発展した懐石料理は、前菜に当たる八寸《はっすん》から始まり、おつくり、煮物、揚げ物……と進んでいき、ご飯が出てくるのはコースの最後。そこでコースの途中で、ひと口寿司などが出されることがある。これが「おしのぎ」。軽くお腹を満たし、空腹をしのぐことを意味している。

すでに経営の第一線を退いた、会長の地方工場の視察のお供をいいつかった。そんなとき、その地の名物そばなどを行程に組み込み、「会長、ここはそばがおいしいんです。おしのぎにいかがですか？」などといってみよう。

「若いのに似合わず、気のきいた言葉を知っているな」と、大いに株が上がるだろう。

お口直し——◉苦手なものを口にしたときのひと言

お得意様を接待したが、先方は、供された料理がどうも苦手らしい。挽回を期して、別のものをすすめたい…。そんなとき、この言葉を知っていると流れがスムーズになる。

「良薬は口に苦し」という。だが、いくら体によいといっても、まずいものを口にするのはつらい。とくに苦みは、いつまでも口中に残ってしまうものだ。そんなとき、「お口直しにどうぞ」と甘いひと口菓子をすすめられたりすると、ほっとする。

この例のように、まずいものを食べたあと、その味を消すためにおいしいものを口にすることを「口直し」という。

浜名湖名物といえばうなぎとすっぽん。浜松に転勤した知人が、遠来の得意先の重役を高級すっぽん料理店に案内した。しかし、先方は、あまり箸《はし》が進まない。供の人にそれとなく聞くと、すっぽんは大の苦手らしい。

そこで、その店は早々に切り上げ、「お口直しまでに、ぜひご案内したいところがございます」と土地の銘菓を食べられる小さな店に案内したところ、甘党だった相手はたちまち機嫌を取り戻したという。

こうしたときに、何気なく「お口直し」を使うと、値千金《あたいせんきん》といいたいほど、きらりと光る表現になる。

「やせた〜い、でも食べた〜い」と身勝手なことをいいながら、女性のグルメ志向はますます高まる一方。一軒目でたっぷり食べたのに、「ねぇ、口直しにケーキ、食べない？　この先に有名なパティシエのお店があるのよ」などといって、次の店へ移っていく。

別にまずいものの味を消すためではなく、雰囲気を変えようというくらいの意味で使っているのだろうが、厳密にいえば誤用であることは知っておきたい。

口が奢《おご》る

●舌が肥えている相手に食事を差し上げるなら

毎日高級なものばかり口にしていて、おいしいと感じる基準はかなり高そう。そんな人と食事を一緒にすることになったとき、さりげなく相手の味覚水準をほめるには。

「目黒のさんま」という落語がある。

毎日、高級魚を食べなれた殿様が、鷹狩りに行った目黒でさんまを焼く匂いに心動かされ、庶民が焼いたさんまを持ってこさせて食べたところ、これがまたとない美味。すっかり味をしめた殿様は城に戻ってからもさんまを所望《しょもう》したところ、大膳所では骨を抜き、脂を落として調理したさんまをうやうやしく差し出した。

これではまったくおいしくない。そこで殿様、「やっぱりさんまは目黒に限るなあ」といったとか……。

庶民でなければ味わえない美味があるということだ。

落語の殿様ではないが、贅沢《ぜいたく》なものを食べ慣れていて舌が肥えている人に、食事などを差し上げるときには「お口が奢っていらっしゃるから、このようなもの、お口に合いますかどうか」というと、相手の食生活のこだわりを賛美しながら、イヤミにならず、もてなす側の謙虚な気持ちを伝えられる。

「舌が肥えていらっしゃるから」ということもあるが、「口が奢る」のほうが品よく、エレガントに聞こえる。

どちらも、食の情報にくわしかったり、食べ歩きが趣味だったり、というような人にはあまり使われない。こうした人には、「食通でいらっしゃるから」「大変なグルメだとうかがっております」などという表現を使う。

時分《じぶん》どき
●ちょうど食事の時間になってしまったときのひと言

気がつくと、そろそろ食事時間…。そんなときに使う言葉が「時分どき」。「ランチタイムになってしまって」などというよりも、ずっと響きがよく、上質な表現になる。

「時分」とは、適当な頃合いという意味。だが、「時分どき」といった場合は、一〇〇パーセント、食事時間を指す。

人の家を訪問する場合には、昼食時間帯にあたる一一時半～一時ぐらい、夕食時間にあたる午後六時半～は避けるのがマナーだろう。だが、つもる話にハナが咲き、気がついたら食事時間になってしまった。「時分どき」は、こんなときに使う言葉だ。

気をつけたいのは、たとえ先に気がついても、訪問客のほうから、「時分どきですね」とは口にしないこと。食事の催促をしているように受けとられかねないからだ。

先方が「お食事をご一緒にいかがですか」と口にしたら、「時分どきだというのに気がつきませんで」と応じ、それをきっかけに訪問を切り上げるのが礼にかなっている。

相手がすでに店屋物などを注文してしまったという場合は、時間が許すかぎり、相手の厚意を受けるようにする。こんな場合には、「時分どきまでお邪魔してしまい、お気を使わせてしまいました。申し訳ありません」と挨拶する。

目の保養

●珍しいもの、素晴らしいものを目にしたら

特選品の売り場などをのぞくのは審美眼を磨くことにもなる。〝見るだけ〟というときも、お店の人にひと言断ると、相手も気持ちよく「どうぞ」といってくれるものだ。

銀座に立ち並ぶ、世界の最高級ブランド店やデパートの特選街。値札にはゼロがいくつも続き、庶民はなかなか手を出せないが、ときにはこうした店を見て歩くと、ものを見る目が磨かれていく。品の良し悪しを見分ける眼力は、本当によいものをたくさん見ることでしか磨かれないのだそうだ。

店のスタッフが近づいてきたら、「ちょっと拝見させてください」とか、「今日は拝見するだけ。目の保養をさせていただいています」といえばよいのである。

画廊や一級品を扱う工芸店などなら、帰りしなに、「いい目の保養をさせていただき、ありがとうございました」といえばていねいな挨拶になる。

保養とは、疲れなどを癒すことをいう。「目の保養」は、ふだんあまり見る機会がない美しいもの、貴重なものを見せてもらい、目が〝よい心地〟になったというような意味になる。「眼福《がんぷく》にあずかる」ということもある。

「目の保養」「眼福にあずかる」とも、芸術品や匠《たくみ》の技など、心に迫る美しさや存在感を放つものを見せてもらったときに使い、金にあかせて、ただ豪華絢爛に飾りたてたものを見たときにはあまり使わない。

面映《おもは》ゆい

●ほめられて、嬉しいけれどきまりが悪いときは

どこまでも謙虚に、控えめに、が日本人の心の底に流れる心情。素晴らしい成果をあげたときも、晴れがましくも気恥ずかしい思いをしていると伝えたい。

我ながらがんばって素晴らしい結果を出し、みなから称賛を浴びた。だが、面と向かってほめられると、晴れがましくも、どこかきまりが悪く恥ずかしい。そんな思いを表す言葉が「面映ゆい」。底に、うれしい気持ちが流れているときに使う。

「面」は顔のこと。「映ゆい」は照り輝くようなまばゆい様子をいい、相手と顔を合わせる

のがまばゆいように思われる、ということを表す言葉だ。

いくらみごとな結果を出しても、「どうだ、見たか！　これがオレの力だ！」と誇示するような表情を浮かべると、かえって反感を買いかねない。かといって、謙遜《けんそん》してばかり、というのも現代風ではない。

「面映ゆい」表情は、そうしたときにもっともふさわしい表情といえるだろう。

居ずまいをただす――●つい気を抜き、姿勢が崩れていないだろうか

訪問先で相手の登場を待っている。やがて、相手が姿を現す気配がすると、思わずスッと姿勢を直す。すると、気持ちまでしゃんとするから不思議なものだ。

「居ずまい」とは、座っている姿勢のこと。応接室に通され、「しばらくお待ちください」といわれ、待っている。そうした間にどうしても姿勢が崩れてきてしまう。やがて、「お待たせいたしました。ただいま、主人がまいります」などと告げられ、あわてて背筋をピンと伸ばして姿勢をきちんと直す。

これが「居ずまいをただす」だ。姿勢を直すと気持ちまでしゃんとすることから、「居ず

まいをただす」という言葉には、気持ちを引き締め直すというニュアンスも含まれる。

そこから転じたのか、たいていは、生きる姿勢をただすという意味を含めて使われる。

正しい姿勢を保ち続けるにはけっこう筋力が必要だ。背筋・首筋を伸ばせば自然に下腹がきゅっと引き締まる。腹筋が鍛えられていなければ、その姿勢を保持することはむずかしい。同じように、つねに筋が通った生き方を貫くには、強い精神力が必要だ。

毎日、代わり映えのしない日々を過ごしているように見えて、自分を見失うことなく、しっかりと生きていく。そのためには、折あるごとに居ずまいをただし、筋力、胆力を鍛えることが求められるのである。

身づくろい

●人前に出るときに、整えておくべきことは…

あわてて家を飛び出したり、車で長時間移動したあとなど、身なりをちょっと整えたいと相手に伝えたい。そんなとき、覚えておきたい決まり文句のひとつ。

うっかり寝過ごし、とるものもとりあえず家を飛び出して駆けつけたら、なんとか会議の開始前に滑り込みセーフ。だが、今日の会議では進行役を仰せつかっているので、みなの目が自分に注がれる。寝ぐせがついていないか、ネクタイは曲がっていないか、チェックしたい……。

こんなときは、「ちょっと身づくろいしてきます」と断るとスマートだ。「身づくろい」とは、身を「つくる」のではなく、つくろいものの「つくろう」。乱れたところや破れたところを整える、直すという意味だ。急な知らせを受けてあわてて家を飛び出すときなどに、「急いで身づくろいすると、すぐに家を出た」などと使うこともある。

似た言葉に、「みつくろう」という動詞があるが、こちらは「身」ではなく、「見」つくろう。身支度をするという意味ではなく、適当なものを選ぶ・みはからう・見定めるという意味になる。

身ぎれい

●ごてごてと飾り立てている人には使わない

とくに高価な服を着ているというわけではないのだが、いつも洗濯が行き届き、アイロンのかかった服を身につけている。そんな人をひと言で形容する便利な表現。

いつもこざっぱりと整った服を着ている人を「身ぎれいな人」という。贅沢なブランド品や、次々と新調の服を着ているというよりも、けっして高価なものではないが、きちんとその場や季節に合った、心配りの行き届いた服装をしている場合に使われる。

「身ぎれい」は、ファッション以外のものを形容するときにも使われる。キッチンがさっぱりと片づけられ、家具などもシンプルで感じのよいセンスでまとめられているような部屋に住んでいることを「身ぎれいな暮らし」と形容することもある。

身ぎれいな暮らしを保つことは、そうたやすいことではない。日々の暮らしを大切にしていなければ、身辺はすぐに乱れ、散らかってしまうものだからだ。

一時期、「片づけられない症候群」なる言葉が流行《はや》ったが、そうした暮らし方とは対極にある言葉である。

気散じ――●気ままに好きなことをして過ごそう

休日に、あれもこれもしたいと欲張って疲れるのが「休み疲れ」。休みなんだから、もっと気ままに過ごしたら？　とも思うが、そうした気楽な時間の過ごし方を何というか。

「気散じ」とは文字どおり、気を散らすこと。気をまぎらわせたり、心のわだかまりをなくすことをいう。

物質的に豊かになるにつれて、うつなど心の病が増えてきたのはなんとも皮肉な現象だ。週休二日制に加えて、祝日、有給休暇などを入れると、一般的なビジネスパーソンは三日に一度は休みという計算になるそうだ。その割にはゆったり休んだり、遊んだりしているという実感がないのはなぜだろう。

気がつくと、遊ぶことにまで追われるようになっているのだ。話題のプレイスポットが次々生まれ、早くそこに行かなければ時代から取り残されてしまうかのように焦《あせ》る。「あそこはまだクリアしていない」と、プレイスポットに行くことまで、義務のように感じてはいないだろうか。

芥川龍之介の小説『秋』に「彼等はほとんど日曜毎《ごと》に、大阪やその近郊の遊覧地へ気散じな一日を暮らしに行った」というくだりがある。

気ままにふらりと出かけ、気の向くままに、好きなように時間を過ごしてくる――。そんな「気散じ」じょうずになれれば、ストレスに悩むことも少なくなるはずだ。「気散じ」がうまいか下手かは、ストレスをコントロールできるかどうかにかかっているといってもよい。

「気晴らし」という言葉もあるが、こちらのほうは、沈んだ気持ちやくすぶった気持ちを晴らす、というときに使う。

気がおけない ●「気がおけない人」は気を使う人？

言葉は時代とともに変わるものだが、「気がおけない人」をどう解釈するかで、だいたいの年代がわかるという。「気がおけない人」とは、どんな人なのだろうか？

「気がおけない人」というと、「油断してはいけない人・気を許してはいけない人」と解釈する人は意外に多い。最近は、こちらの解釈のほうが大手を振ってまかり通っているようである。

もともとは、「気づかう」という意味の「気をおく」という表現があった。「気がおけない」はその否定語。つまり、「気づかう必要がないこと」「遠慮やへりくだる必要のない人」など、つき合いやすい人をいったものだ。

ところが、いつのころからか、「気がおけない人」というと、「安心できない人」「打ち解けてはいけない人」、あるいは「打ち解けられない人」のように、一八〇度逆転させた意味で使う人が増えてきた。

だが、一方で「ここは気がおけない店だから……」といった場合は、敷居の高くない、気楽に楽しめる店という意味になるなど、今でも、本来の意味合いで使われることも少なくない。

相手が「気がおけない人」といったら、状況などから、本来の肯定的な意味なのか、現代風の否定的な意味なのか、見極めてから対応するようにしたい。

あんばい ● 相手の様子を尋ねるときに使える万能言葉

たとえ部下でも、仕事がどこまで進んでいるか、あまり口出しするのは控えたい。でも、様子は気になるし…。そんなときに使いたい、さりげなく様子を尋ねる言い方。

研修を終えたばかりの新人に、仕事がうまくいっているかどうかを尋ねたい。だが、具体的なことを尋ねると妙に萎縮《いしゅく》してしまいかねない。そんなとき、「どう、仕事のあんばいは？」と声をかければ、「気にかけているからな」という気持ちを、ほどよい感じで伝えることができる。

昨日、風邪ぎみだといっていた同僚が出勤してきた。だが、まだ少し顔色が悪い。こんなときは、「どう、あんばいは？」と声をかけてみよう。料理の味をみるときにも、ひと口、口にしていい出来であれば、「うん、いいあんばいだ」などという。

このように、「あんばい」は非常に幅広く使える重宝な言葉で、ひと言でいえば、万事にうまくいっている、万事心地よい状態であることなどを指す。柔軟で広範な表現力を秘めているのだが、それも道理で、そもそも、あんばいは「塩梅」と「按配」が融合した言葉なのである。

「塩梅」とは文字どおり、塩と梅酢を合わせた調味料で、かつて日本では、もっとも広く使われていたもの。昔は、料理の味付けとは「塩と梅酢の割合」を指した。「塩梅がいい」とは、それがうまくいっていること。よい味だという意味になった。

「按配」のほうは、うまく処理すること。あるいは、具合よく並べるといった意味を持つ。

二つの言葉は音がよく似ているうえに、意味もおよそ同じ。そこから、いつのまにか混同して使われるようになり、今では非常に広い意味で「具合はどうか？」と尋ねる場合に使われるようになっている。

その音から、「按排」「案配」と書くこともある。

有卦《うけ》に入《い》る

●占い好きでなくとも知っておきたいひと言

人の一生は、決められた運勢のサイクルのなかにあるという。「大殺界」だの「天中殺」だのというと抵抗を示す人もいるが、この言葉なら使いやすい。

やることなすこと、うまくいくような状態を「有卦に入る」という。「彼は、仕事は急成長しているし、学生時代からの恋愛を実らせて来月ゴールイン、それもお相手は超美人なんですって。すっかり有卦に入っていますね」のように使う。

「有卦」とは、陰陽道《おんみようどう》でいう幸運な年回りのこと。反対に、運が低下する年回りを「無卦」という。「有卦」に入るとその状態が七年続き、「無卦」は五年続くそうだ。「有卦に入る」は「吉運期に入る」という意味。なんでもうまくいくはずだ。

四柱推命、六星占星術などいろいろな占いがあるが、どの占いも、人の運勢は吉運の時期もあれば不運な時期もある。そして、だれの運勢も吉凶の運が巡り巡っていると説く。吉運期には積極的な攻めが功を奏《そう》するし、凶運期には積極的に出るのを控え、現状を守ることに徹し、静かに吉運期が巡ってくるのを待つほうがよいと教える。

それを信じるかどうかは自分が決めればよいことだが、攻めっぱなし、走りっぱなしでは息が切れる。ほどよいサイクルで攻めと守りの姿勢を使い分けるほうがよいという教えだと解釈することもできそうだ。

ねんごろ――●人情が薄くなりがちな時代だからこそ残したい言葉

真に心のこもった応対を受けたというとき、いかにも大人らしい、味わいのある表現を使いたい。そんなときのために、このひと言を覚えておこう。

「ねんごろ」とは、真心を込めて、ていねいにする様子を表す言葉。よく耳にするのは人を弔《とむら》うときだ。愛情を込め、手厚く死者の葬送を行なうときなどに「ねんごろに弔う」と表現する。

だが、「ねんごろ」は本来弔い用語ではなく、人の家に泊まったところ、すみずみまで行き届いたもてなしを受けたというときなどに、「ねんごろなおもてなし、感謝にたえません」などと使われた。また、祝宴のスピーチをもらったときなども、愛情こまやかな話しぶりを謝して、「ねんごろなお言葉、ありがとうございました」などともいう。

「ねんごろ」の語源は、上代の言葉である「根如《ねもころ》」。「根の如し」、つまり、「心の底から」という意味である。時代がくだるにつれて「ネムコロ」↓「ネンゴロ」と変化していったものらしい。

根っこは細い根が密にからみあっている。そうした様子から、人と人が親密になる様子を「ねんごろになる」とか「ねんごろな仲」ということもある。たがいに真心が通じ合う仲という意味だが、もっぱら男女の仲を指して使われる。同性や仕事上の知り合いには、まず使わない。

馬が合う ●いそうでいて、そうはいない人のこと

ほどほどのつき合いなら、たいていの人となんとかできる。だが、心の底から打ち解け合える人とはなかなか出会えないもの。そういう貴重な人をどう表現したらよい？

「商品開発のTさんと宣伝制作のOさんの二人は、まさに常勝コンビですね。次々と、メガヒットを飛ばしていますからね」

「あの二人、けっこうタイプは違うのに、不思議なくらい馬が合うんだよな」

こんな会話を交わすことがある。馬が合うとは、たがいの気持ちがしっくりと合うこと。馬は乗り手の気持ちを敏感に察する動物で、乗り手が気に入らないと突然走り出したり、のけぞったりして、乗り手を振り落とそうとする行動に出る。反対に気に入った乗り手ならば、荒馬も急におとなしくなり、その意志に従うのだそうだ。

「馬が合う」は、こんなふうに乗り手と馬の気持ちが通じ、まさに人馬一体となる様子からきた言葉で、理屈を超えた相性のよさを表現するときによく使われる。

重賞レースに騎乗するジョッキーも、「この馬とは相性がいい」などというから、技術を超えたサムシングが介在するのだろう。

よく似た言葉に「そりが合わない」がある。こちらのほうは、たがいの考え方や気持ちが合わないこと。そりが合わない同士では仕事もうまくいかず、どうがんばっても、不本意な結果に終わることが多い。

そりとは刀の「反り」。刀の反りと鞘《さや》の反りが合っていなければ、刀は鞘に収まらない。ただし、二人がうまくいかないときには「馬が合わない」とはいわず、また、うまく両者が合う場合にも「そりが合う」とは使わない。

相性がよいか悪いかにより、よいときは「馬」を、悪いときは「そり」を使うことを覚えておきたい。

分《ぶん》をわきまえる

●謙虚な姿勢が、かえって人をひきつける

「身のほど知らず」と対極にある言葉。ビジネスシーンでも、出すぎず、かといってへりくだりすぎない姿勢が好感を持たれる。そんな姿勢をひと言で表せば…。

人にはそれぞれ、立場や年齢などに応じた「分」がある。その枠組みを大きく逸脱しないように振る舞う姿勢が「分をわきまえる」だ。

「分」を守って生きることとは、自分を知り、けっして高慢になることはなく、かといって卑屈《ひくつ》にもならない。自分をしっかり律する気持ちがなければできないことだ。したがって、「分をわきまえる」といった場合には、「自分をしっかり知っている」「分別のある生き方をしている」というニュアンスが加わるので、おくゆかしく好感が持てる。

「分をわきまえる」ことを「分相応」、「分」を超えたことを「分不相応」という。

「分際《ぶんざい》」となると少しネガティブな意味が加わり、「新入社員の分際で生意気だ」などと、叱られたり、非難されたりするときに使われる。

衒《てら》いがない——●気負わないほうが、結果的に人の心に響く

ひたひたと心を打つ文章に共通するのは、飾りたてた美辞麗句《びじれいく》や背伸びした表現が使われていないこと。そんな文章表現をひと言で形容する言葉を知っていますか？

「求めない」。すべての詩の冒頭が、この言葉で始まる加島祥造《かじましょうぞう》氏の詩集が、大きな話題を呼んでいる。

人はだれでも「何かが欲しい。手に入れたい。だれかのようになりたい。こうしてもらいたい」と求め続けてしまうもの。だが、ほんの三分でいい、求めないでごらん。不思議なことが起こるから、と語りかけるこの詩集は、むずかしい言葉も凝《こ》った表現も使われていない。こうした表現をひと言で表すのが「衒いがない」という言葉である。

「衒い」とは知識などをひけらかすという意味。せっかく身につけた知識も、ひけらかした瞬間に輝きを失ってしまうものだ。反対に、「衒いがない」ことは抑制がきいた謙虚な姿勢を伝えることになり、結果的に、強く深く、人の心に響くのである。

「彼の文章は衒いがなくてよい」「彼は衒うところがなく、なかなかの人物だ」などと使う。

一目置《いちもく》く

◉もとはハンディを与えられたことをいう囲碁用語

だれもが彼の実力は認めている。あれこれくわしく述べなくても、そのたしかな存在感を伝えるにふさわしい、簡にして要を得た表現だ。

相手のほうが優れていることを認め、一歩譲った姿勢を見せたり、対応したりすることを「一目置く」という。

「中国プロジェクトに関しては、部長は課長の提案をほとんどそのまま通すみたいだね」
「課長は中国滞在経験も豊富だし、中国事情通ということでは社内でもピカイチだからね。上層部も課長には一目置いているそうだよ」などのように使う。

「一目」という言葉から連想されるように、この言葉のルーツは囲碁用語。囲碁では段位が低いなど、弱者のほうが先に石を一目置いて、対局を開始する。「一目」は、それだけハンディを与えられたことを意味することになる。

そうしたことから、「一目置く」とは、相手のほうが強いことを衆目《しゅうもく》が認めることを表すようになっていった。相手が自分より数段優れているときは、「一目も二目も置く」といっそう強調した表現を使う。

同じように、囲碁から出た言葉に「岡目八目《おかめはちもく》」がある。岡目とは、はたで見ること。つまり、第三者の立場で見ることをいう。

囲碁の勝負をはたで見ていると、八手ぐらい先まで読むことができ、対局者の打つ手がまだるっこしく感じられる。つまり、「岡目八目」とは、どんな問題も、第三者が客観的に見ると、当事者よりもずっとよく事情がわかるものだという意味になる。

ちなみに、そば屋のメニューにある「おかめそば」は、八種の具をのせたそば（うどん）を、「岡目八目」になぞらえたネーミングである。

御《おん》の字 ●本来は、非常にありがたいという意味の言葉

多くを望みすぎると元も子もなくなってしまう。自分はこれさえ満たしていれば、大満足なのだという気持ちを伝えたい。そんなときにぜひ使いたい言葉だ。

「御」は名詞の上などにつけて、尊敬の意を表したり、価値が非常に高かったりすることを意味する。そこから転じて、「御の字」をつけたくなるほどありがたい、結構だという意

味になった。

江戸時代の遊里などで使われたのが始まりで、すこぶるつきの美人の花魁《おいらん》を、「御の字付きの上玉」などと表現した。

現在ではもっと気軽な意味に使われ、「新製品を一〇〇ケースお取り扱いいただければ、発売記念の宣伝物を一式、おつけいたします」「無料で提供してくれるならば御の字だなあ」などと、ビジネスシーンでもよく使われる。

また、「私は何より米が好きでしてね。真っ白い米の飯に漬物でもあれば〝御の字〟なんですよ」のように、「それがあれば大満足です」と、けっして多くを望むわけではないという気持ちを伝えるときにもよく使われる。

﨟長《ろうた》けた

●アンチエイジングばかりが能ではない

「あの若い女性、和服が似合って、﨟長けた美しさにあふれているね」というと赤恥をかく。こういう言葉は使い方を間違えると間が抜け、かえって滑稽《こっけい》になってしまう。

「﨟長けた」は洗練され、品格のある美しさをいう言葉。若い女性は逆立ちしても手に入らない美しさを表す言葉である。

最近はアンチエイジングが大ブーム。だれもが、若く見せることに躍起《やっき》になっている。若いということに過剰なほどの価値を置いているようなのだ。

だが、年齢を重ねた女性には、若い女性には太刀《たち》打ちできない、品格をたたえた奥深い美しさがある。この、年輪を刻みながら磨き込まれた、品位のある美しさを「臈長けた」と表現する。

「臈」は仏教語。僧侶が受戒のあと、室内にこもりきって修行することを「安居《あんご》」という。この安居の功を積んだ年数が「臈」。「長ける」は「経験を積んで優れていること」を意味している。

つまり、「臈長けた」とは、修行を長く重ねた者だけが身につけることができる存在感、美しさを意味しており、長い年月をていねいに生きてきた女性だけが身につけることができる、最上級の美しさを表現する場合にのみ使われる。従って、若い女性には使わないことを知っておきたい。

世阿弥《ぜあみ》の『風姿花伝《ふうしかでん》』に、「いか程にも臈長けて劫入りたるやうに見えて……」とあるように、中世ごろまでは年功を積んだ人をたたえる場合にも使われた。しかし、江戸時代に入ると、主に女性に対してのみ使われるようになり、今では女性の美しさをたたえるとき以外には使われない。

三昧《ざんまい》——●明けても暮れてもそればかりに夢中なこと

ひとつのことに没頭し、ひたりきっている。そんな状態をひと言で表現する言葉をご存じだろうか？　使い方によって、ほめ言葉にも批判を含んだ皮肉な表現にもなる。

「晴耕雨読《せいこううどく》というけれど、彼は天気のよい日も本に釘付け。読書三昧の日々を送っているそうだよ」といえば、彼は毎日、読書に夢中になっていることをいう。

「三昧」とは、ほかのことをすっかり忘れてしまうほど、何かに没頭している状態のこと。語源は梵語《ぼんご》の「サマーディ（samadhi）」で、あるひとつのことにまっすぐ向かっており、ほかのことに気が移ったり、心が乱れたりしない状態をいう。また、悟りに至るには〝三昧〟であることが前提とされる。

もともとは、このように崇高な意味の言葉で、旅行三昧、芝居三昧など、ただ単に「夢中になっている」という意味では使われなかった。

勉強ばかりしていることを勉強三昧というが、この場合は、好きな道の勉強にひたっているる様子。つまり、みずから望んで勉強していることを指し、受験勉強などのように必要に迫られてする場合には、勉強三昧とは使わない。

5章

相手の心を和ませ好感を抱かせる言葉づかい

相手に言葉をかける前に、ひと言添えると、あとに続く言葉の響きがずっとやわらかくなる。そうした言葉を「クッション言葉」と呼びたい。

日本語は多様なクッション言葉を使いこなし、相手の気持ちをほぐしながら、本当にいいたいことを伝えることに長《た》けている。職場などでよい人間関係を保っている人は、たいてい、こうしたプラスひと言をじょうずに使いこなしているものだ。

クッション言葉の特長は、長い間に暮らしのなかで使われ、磨きあげられた上質な表現であることだ。響きもよいので、はたで聞いていても心地よい。同じ話しかけるのでも、いかにも品よく、見識のある人だという印象を与え、あなたの好感度は間違いなく、ワンランクアップする。

会話だけではなく、手紙やメールに使える表現も多いので、日ごろから、積極的に使いこなしたい。

おさしつかえなければ

●このひと言で強引さが薄れる

アポイントメントをとるときなど、先方に「こちらと会う積極的な気持ちがあれば」「事情が許せば」という気づかいを伝えたい。そんなときにつけ加えたい言葉。

「さしつかえ」とは障害のこと。平たくいえば、「もし、できるならば」「ご無理でなければ」というような意味合いになる。

相手に会いたい、訪問したいというような場合、「ぜひ、お目にかかりたいのですが」「こちらから、御社にお伺《うかが》いいたしますので……」などと、相手の気持ちも推《お》しはからず、一方的に自分の思いを伝える人が少なくない。熱い気持ち、積極的な姿勢を見せることがベストだと思い込んでいるのだろうが、相手によっては、こうした押しの強い攻め方に辟易《へきえき》したり、逆に引いてしまったりすることも少なくない。

こんなとき、「おさしつかえなければ」とひと言添えると、それだけで強引な印象が和《やわ》らぐから不思議なものだ。この言葉には、相手の気持ちを十分汲《く》んだうえで、「もし、できるならば……」というニュアンスが込められている。したがって、頼まれたほうも、気持ちよくその思いを受け入れることができるのである。

「おさしつかえなければ」と同じように使われる言葉に、「ご都合がよろしければ」がある。とくに、時間、場所などをこちらから指定する場合には必ず使いたい言葉だ。

名刺を交換するときに、「おさしつかえなければ、お名刺を頂戴《ちょうだい》できますか？」と使う人があるが、この使い方は考えものだ。へりくだったつもりなのだろうが、これでは、暗に相手が名刺を差し出すことをためらっているといっているようなものだからだ。結果的には、かなり失礼な言い方になってしまう。

「お名刺を頂戴できますでしょうか」というほうが、ずっと感じがよい。

お聞きおよびのこと（とは存じますが）――●事情はお察しのはず

相手に何かを報告するとき、すでにおよその話は耳に入っていると推察できるなら、こう切り出すと話がなめらかに進む。とくに失態や窮状《きゅうじょう》などを告げるときには必須。

最近は口コミの効果が再認識されている。ネット情報全盛の感があるが、じつは、人を介した情報伝播《でんぱ》のほうがより早く、信頼性も高い。当然、影響力も大きいというわけだ。

転勤の辞令を受けて取引先に挨拶に行く。だが、自分が転勤することは、すでに相手の耳にも届いていると推察される。そんなときは、「すでにお聞きおよびのこととは存じますが、私、このたび……」と挨拶を始めると、相手も「ええ、御社のIさんからちらっとお噂《うわさ》は伺いました。ニューヨーク支社だそうで、ご栄転ですね」などと受け答えしやすい。

とくに失態や窮状を告げるときには、このひと言があると、相手も話を受け止めやすくなり、気持ちの負担を軽減できる。

反対に、こちらが相手の事情を多少は知っていますよ、ということを伝えるには、「そちらさまのご事情は拝察申し上げております」「御社のご事情はおおよそ理解しているつもりでおりますが……」というとよい。

折り入って——●「切に」「ぜひ」に代わる言葉

何かを依頼するとき、「ぜひ」「どうか」のくり返しでは説得力がない。「折り入って…」と切り出すと、相手はよほど差し迫った頼み事なのだと心準備をしてくれる。

仕事も人生もチームワーク。人の協力がなければ前に進むことも、大きく伸ばすこともできないことがほとんどだ。

周囲の人に快《こころよ》く協力してもらえるかどうかは、頼み方ひとつで大きく変わってくる。コミュニケーション力が衰《おとろ》えてきている最近では、「力を貸してほしい」とうまく相手に伝えられず、一人で悪戦苦闘している人も増えている。

「あのぉー」といったまま下を向いてもじもじしたり、藪《やぶ》から棒に、「ちょっと手伝ってくれないか」と切り出す。これでは相手が、「なんだよ、いきなり」と反発したくなるのも無理はない。

人にものを頼むなら、丁重《ていちょう》に、心を込めて頼むのが礼儀というもの。「折り入って」は、そんなときに使いたい言葉である。

「折り入って」は、「特別な」という意味をもっている。頼み事をする前に、「折り入って」とつけることで、「切なるお願い事」「どうしても聞き届けてもらいたい特別なお願い事」という懸命な思いが伝わり、相手は断りにくくなってしまうのだ。

「折り入って」は願い事の場合だけでなく、「折り入ってお話があります」とも使う。この場合は、「ぜひとも聞いていただきたい特別な話がある」という意味になる。たいていは深刻な話であり、めでたい話の場合には使わない。

逆にいえば、「折り入って」は、相手にある程度の気持ちの負担を与えることになるので、むやみに使うべきではなく、簡単な願い事ならば、「じつはお願いがあるのですが……」「ちょっとお話があるのですが……」のほうがよい。このほうがあっさりしていて、相手も気軽に話を聞いてくれるはずだ。

無理を承知で…

●相手の自尊心をくすぐるひと言

やむをえず、厚かましいと思われかねない願い事をしたい。そんなときにこの言葉を使うと、相手はそう悪い気はせず、あんがい、受け入れてもらえることが多い。

得意先や目上の人に、少々込み入った、あるいはかなりたいへんな願い事をする場合には、「無理を承知でお願いに上がりました」というとよい。

この言葉には、「普通ならば無理なのでしょうが、力のあるあなた（御社）なら、きっとおできになると思っております」というニュアンスが込められている。このニュアンスが相手の自尊心をくすぐることになり、相手は柔軟な態度をとってくれる可能性が高い。

納期を延ばしてもらいたい。予算を増やしてもらいたいという場合など、ビジネス上の交渉シーンでもよく使われる。

こういって、申し入れた願い事が聞き届けられた場合は、「ご無理を申しましたのにお力添え（ご配慮）いただき、本当にありがとうございました」と丁重に礼を述べる。

「お力添え（ご配慮）をいただかなければ、とうてい成し遂げられなかったと存じます」などという言葉も添え、相手の助力や配慮があって、はじめて仕事をやり遂げることができたのだと強調しておくとさらによい。

お聞き届けいただけますでしょうか——◉頼み事をするときも確認は大事

ミスの原因の多くは確認不足。頼み事をした場合、「まあ、なんとかできるかもしれません」という返事では心もとない。厚かましい印象を与えない確認の言葉は？

「……というわけで、ぜひ、お力添えいただきたいのですが」とすっかり話が終わったのに、相手は「うーん」とか、「話はわかりました」としかいってくれない。だからといって、「いかがでしょうか。なんとかご助力いただけますでしょうか」などとたたみかけるのも、あまりに自分本位な気がする。

そんな場合には、「いかがでしょうか。お聞き届けいただけますでしょうか」と尋ねてみよう。

ここまでいわれれば、相手は「イエス」か「ノー」かをはっきりさせなければならなくなる。だが、「……でしょうか」と質問形をとっているため、答えを強要されたという印象になりにくく、結果的に、よい返事を引き出しやすくなるのである。

●相手に反論するときにはこのひと言を
お言葉を返すようですが――

相手に反論したいとき、いきなり自論を展開すると不快感を与えやすい。反論の前に、ひと言この言葉をはさむと、心の準備ができて反論も耳に届きやすくなる。

おたがい、自分の意見は堂々と述べ合える関係でいたいものだ。そうは思っていても、自論を否定されたり、反論されたりすることは、だれだって内心面白くない。そうした気持ちを察して、反論するときにはその前に、「お言葉を返すようですが」というひと言を忘れないようにしよう。

この言葉があれば、聞き手は「これから反論してくるのだな」と心の準備ができる。そのためか、同じ反論を展開されても、ずっと受け入れやすくなるのである。

たとえば、上司や取引先などから意見されたとき。諄々《じゅんじゅん》と諭《さと》す言葉はありがたく身にしみる。

こういうときは黙って話を聞いているのがベストなのだが、ときに、あまりにも一方的な指摘だったり、とんでもない勘違いだったりして、どうしてもひと言いいたい気持ちを抑えられなくなることがある。

そんなときも、「お言葉を返すようですが」と前置きしてから、「じつは、現場の状況はこんな具合でして……」と自分の主張を述べると、ぐんとやわらかな雰囲気になり、こちらの言い分にも耳を傾けてもらいやすい。

「お言葉を返すようですが」という言葉は、「これから、相手は自分とは異なる意見を述べるのだ」と心の準備をうながし、感情的になってしまった相手にも冷静さを取り戻させる不思議な力を秘めているのだ。

「お言葉を返すようですが」といったとたんに血相を変え、「なにぃ、お前ごときが私に意見するなんて百年早い！」などと大きな声を出すような上司なら、何をいわれても右の耳から左の耳へと聞き流し、気にしないことがいちばんの対応だといえそうだ。

あいにく――●相手の願うとおりにならないときに

たまたまタイミングが悪くて、相手の意向に応《こた》えられないというとき、このひと言をつけ加えれば、申し訳ないという気持ちが伝わり、当たりがやわらかくなる。

「開発課のE課長に、お目にかかりたいのですが」と訪問者。「お約束はしていないのですが、たまたま別件で御社に伺いましたので、もし、ご在席ならば……」という。だが、開発課につないでみると、E課長は昨日から地方工場へ出張中だった。

こんなとき、よく、「すみません。Eは出張中で、明後日から出社の予定だそうです」と答える人がいるが、約束があったわけではないので、こちらが謝る必要はない。

代わって、使いたいのが「あいにく」である。「あいにく、Eは出張中で……」といえば、わざわざ訪ねてきてくれた訪問者の労をねぎらう気持ちはきちんと伝えられる。

「あいにく（生憎）」は本来、「あやにく」という言葉だった。「あや」は、「ああ」「あら」などと同じような感嘆詞。つまり、「あいにく」とは「ああ、憎らしい」という意味であり、思うようにいかないことを示しているのだ。

したがって、さまざまな状況に使える言葉といえる。たとえば、今日は彼女とデートというときに、雨が降ってきた。こんなときにも、「あいにくの空模様」などと使う。

こうした用法からさらに発展し、相手の期待に応える返事ができないときなど、「あいにく外出しております」のように、使われるようになったのである。

「おあいにくさまですが」ということもあるが、聞きようによっては、相手をからかっているようなニュアンスになるので、使う相手や言葉の調子には十分気をつけたい。

お気を悪くなさらないでください――●相手の申し出を受け入れられないなら

人間関係では、とくに「ノー」の言い方が大事である。相手の申し出を断るときには、この言葉を加えると、すんなり「ノー」を受け入れてもらいやすい。

相手の申し出や、依頼を断らなければならないケースは意外に多い。だが、問題はその答え方だ。「できません」「お受けしかねます」とストレートにいわれると、取りつくしまもないという印象を持たれ、人間関係がぎくしゃくしてしまう。

「お気を悪くなさらないでください」は、「ノー」といわれてしまった相手の心情を、思いやる気持ちにあふれた言葉である。

「今回はお力になれず、ごめんなさい。お気を悪くなさらないでくださいね」といわれると、「だれにでも事情があるのだから、今回は仕方がない」と素直に思えてきて、「ノー」をすんなり受け入れやすいのだ。

この言葉は、あえて厳しい意見や批判をいう場合にもよく使われる。

「今日は、君の仕事の姿勢について徹底的に意見させてもらうよ。気を悪くしないで聞いてほしい」。こういう意見こそ、自分を育ててくれるありがたいものである。気を悪くするどころか、苦言《くげん》を呈《てい》してくれる相手に深く感謝しながら、全身を耳にして、貴重な意見を受け止めるようにしよう。

●どこまで相手の立場に立てるか
お気持ちはわかりますが

クレーマーに対応するときなどは、まずはこういって、相手の気持ちをなだめよう。最初から「いい加減なことをおっしゃらないで…」では、火に油を注ぐ結果になる。

人前で怒りをあらわにしたり、諍《いさか》いを起こした人をなだめるとき、「お気持ちはわかりますが、まあ、ここは私に免じて……」などととりなすことがある。こういわれれば、相手も、いきなり激昂《げっこう》してしまった自分も悪かったと思いいたり、しだいに冷静さが戻ってくるからだ。

ただし、安易に「お気持ちはわかりますが」といえば、「口先だけでそんなことといったって」と、かえって反感を買う結果になってしまうこともある。

本当に相手に共感できるときは、「お気持ちはわかります。私にも同じような経験がありますから」などとつけ加えて、単に、言葉の上だけでそういっているのではないことを伝えるようにしよう。

同じように使える言葉に「お察しいたします」がある。

お使いだてして申し訳ありませんが——●こういえば快く引き受けてもらえる

同じ人に何かを頼む場合、相手がイヤイヤやるのと気持ちよくやるのでは、双方の気分が大きく違う。快く引き受けてもらうために必ずつけ加えたい言葉とは？

人を頼りすぎるのはいけないが、かといって、なんでも自分一人でやると突っ張るのもけっしてよい印象ではない。ほどよく人の力を借り、自分も相手のために役に立つ。こうした、相身《あいみ》たがいの助け合いが自然に、そして円滑にできるかどうか。それが、よい人間関係、よい組織であるかどうかをはかる目安になるのではないか。

こうした関係をつくるカギは、相手が気持ちよく引き受けてくれるものの頼み方、心を開くひと言を知っているかどうかである。

「お使いだてして申し訳ありませんが」は、そんなひと言のひとつ。部下などにものを頼む場合でも、「使いだてしてすまないが、ひとっ走り、使いに行ってきてくれないか」というのと、「ちょっと使いに行ってきてくれ」というのとでは、印象はがらっと変わる。

同じような言葉に、「お手をおわずらわせいたしますが」「お手数（ご面倒）をおかけいたしますが」がある。「お手をおわずらわせいたしますが」は目上の人に何かの世話や仲介を頼むときなどに、「お手数をおかけいたしますが」はさまざまなケースに幅広く使え、もっとも一般的に使われる言葉といえる。

では、「お手数をおかけします」といわれたら、どう返したらいいのだろうか。英語には「With pleasure.」（喜んで）という絶妙な言葉があるが、日本語で「喜んで」は、正直なところ、ちょっと浮く。年配の人のなかには、「いえ、造作《ぞうさ》もないことで」と返す人もあるが、普通は「いいえ、たやすいご用です」といって、すぐに行動を起こすことで「With pleasure.」であることを態度で示すようにする。

だが、上司に「使いだてしてすまないが……」といわれた場合は、「たやすいご用……」はちょっと場違い。こういうときは、元気よく「はい。いますぐ行ってきます！」と答えて「With pleasure.」という気持ちを伝えよう。

お手すきの折にでも

●時間の余裕がある依頼をするときに

急いで処理しなければならないことではないのだが…と伝える場合に使う常套句《じょうとうく》。こういわれると気持ちの負担が軽くなるので、依頼を受けてもらいやすい。

「お手すきの折にでも」は、手がすいているときにやっていただければ十分ですよ、という意味で、頼み事をするときによく使われる。

「お暇な折にでも」という人があるが、これでは相手を〝暇人〟といっているようなもので、かえって失礼になる。とくに目上の人には禁句なので、くれぐれも注意したい。

依頼を受けたほうは、「お手すきの折にでも」といわれたからといって、この言葉を真《ま》に受けてはいけない。「忙しくて、なかなか手がすかなくて」と言葉どおりの対応をし、いつまでも放っておくようでは、相手の気持ちを汲《く》んだ対応とはいえない。

そう無理をする必要はないが、やはり、できるだけ迅速《じんそく》に対処するのがマナーだろう。

このあたりの阿吽《あうん》の呼吸が日本語のむずかしいところだが、日本語の妙ともいえよう。

お手やわらかに——◉「あなたのほうが力は上」だとさりげなく伝える

勝負に際し、「あなたのほうが力は上なのですから、やさしくしてくださいね」という気持ちを伝える言葉。相手への敬意を示し、自分の力を謙遜《けんそん》した表現になる。

スポーツ、ゲーム、囲碁、将棋……など、なんであれ、勝敗争いを開始するときに「絶対、負けないからね」「ボコボコにしてやるぞ」などと自分の力を誇示《こじ》するのが、前向き、ポジティブがいちばん！　の現代風なのかもしれない。

だが、勝負の相手が目上の人や年長者である場合には、こうした言い方はちょっと大人げない。むしろ、ひと言、「お手やわらかに」というとよい。

「お手やわらかに」は、「力を加減して、やわらかく（やさしく）してくださいね」という思いを伝える言葉。つまり、暗黙のうちに、相手は自分より力が上だといっていることになる。こういわれて、悪い気持ちになる人はいないだろう。

転じて、はじめて戦う相手で、その力がよくわからないというときにも、「お手やわらかに」というようになり、試合を始める前の挨拶のひとつにもなっている。

ビジネスシーンでも、コンペの競合相手にばったり出会った場合などには、「今度のキャンペーン、うちとお宅のコンペらしいね。お手やわらかにお願いしますよ」とか、成績の査定のための面談を受ける場合など、直属の上司に向かって、「お手やわらかにお願いいたします」と使ったりする。

お呼び止めいたしまして——●知人に偶然出会い、思わず声をかけたとき

忙しい世の中だから、つい、メールのやりとりですませてしまう。だが、やはり、生身の触れ合いに勝るものはない。偶然出会ったら、積極的に声をかけてみよう。

業界の会合やフェアなどでは、知った顔に出会うことも多い。そんなとき、積極的に声をかけて、ほんの数分でも立ち話をすることは、想像以上に人間関係を強化するものだ。

相手も忙しいに違いないと、声をかけるのを遠慮する気持ちがあるなら、「お呼び止めいたしまして失礼いたします。少し、お話しさせていただけますか?」といってみよう。よほど切迫した用事がある場合以外は、「いやあ、こんなところでお目にかかるなんて奇遇ですね。あまり時間はないんですが、お茶一杯ぐらいなら……」と相手も出会いを喜んで、ひととき、話にハナが咲くこともある。

最近は、企業内の電話連絡も専用携帯で、というところが増えてきた。だが、セクション内の電話にかけ、相手を呼んでもらったときは、「お忙しいところ、お呼び立てして申し訳ありません」とひと言いってから用談に入ると、話をスムーズに進めやすい。

「呼び止める」「呼び立てる」の使い分けをしっかり身につけておこう。

ふつつかではございますが――◉いたらない人間であると、謙虚に挨拶

初対面の席で、自分をへりくだっていうときの常套句。少々古くさいようだが、年長者には、今も、こうした言葉づかいを喜ぶ人が多い。

「ふつつかではございますが、よろしくお願いいたします」。昔は、結婚式を終えたあと、

新婦は婚家の両親や夫に、こんなふうに挨拶したものだった。

「ふつつか」を漢字で書くと「不束」。稲の束の形がきれいに整っていない様子から生じた言葉で、やがて、行き届かない、気がきかないという意味に使われるようになった。「ふつつかではございますが」とは「不出来ではありますが」「いたりませんが」という意味になり、自分をへりくだり、相手に教えを請う気持ちが込められている。

さらに上代にさかのぼると、「不束」は「太束《ふとつか》」、つまり、「太い（稲の）束」を指す言葉だった。太く、しっかり束《たば》ねられた稲は、はじめはほめ言葉だった。しかし、平安時代のころ、貴族社会ではか弱く繊細であることが好まれるようになり、太い＝風流でない↓不格好でみっともないということから、不出来、神経が行き届かない人、を指すようになったと伝えられる。

「ふつつか」は女性の場合に使われることが多い。少々古風な、年配の役員の秘書などを務めるような場合なら、「ふつつかではございますが、一生懸命、務めさせていただきます」と挨拶すると、好感度が増すのではないだろうか。

男性は、「未熟者ですが、誠心誠意、務めさせていただきます」などと挨拶するとよい。

お誘い合わせのうえ――◉多くの人に参加してもらいたいときに

「一人でも多くの人に集まってもらいたい」という気持ちをソフトに、だが、確実に伝える決まり文句。「みなさんでいらしてください」に、ひと言加えてもよい。

後援会や発表会、イベントなどを開催するときには、一人でも多くの参加者に集まってほしい。そんなとき、「みんなに声をかけて、できるだけ大勢で来てね」という表現が許されるのは、学生のうちだけ、あるいは学生時代の仲間に対してだけだと思っていたほうがよい。

社会人として礼にかなった言い方は、「皆さま、お誘い合わせのうえ、お出かけください」。こういえば、一人前の言葉づかいを知っているなと、あなたの評価も高くなる。

招待状や案内状が届いた場合、「皆さま、お誘い合わせのうえ……」と書かれていたら、相手はできるだけたくさんの人を集めたいのだなと解釈してかまわない。そして、その意を汲んで、知り合いや友人に声をかけて、大勢で行くと喜ばれる。

逆にいえば、そう書いていない場合は、招待状の宛て名に書かれていない人まで同行するのはマナー違反だということだ。

どうしても同行したい人がある場合は、「部下の鈴木を連れて伺ってもよろしいでしょうか。この機会にぜひ、御社について勉強させておきたいのですが」などと、あらかじめ、先方や主催者の了解を得るようにする。会場の都合などで、参加者の人数を限っていることもあるからだ。

十分いただきました

●「もういりません」では、ぶっきらぼう

食事をご馳走になったり、お店や旅館で追加注文は、と聞かれたりしたとき、場の雰囲気を壊さないスマートな断り方を知っておきたい。たとえば…。

知人宅に招かれて食事をご馳走になった。そんなとき、「お代わりはいかがですか？」とすすめられた。だが、もうお腹はいっぱい。こういう場合は、どういって断ればよいのだろうか。

せっかくすすめてくれたのだから、断ったら悪いのではないか、と思う人もあるようだが、無理をする必要はない。こんなときは、「もう、十分いただきました」といって、軽く頭を下げればよいのである。

場合によっては、手のひらを立てながらこういえば、「これ以上はけっこうです」という思いを感じよく伝えることができる。

親しい仲なら、「もう十分すぎるぐらいだ。あんまりおいしいんで、つい、食べすぎてしまったよ」といえば、どれほど食事に満足し、堪能《たんのう》したかをユーモラスに伝えられる。

レストランなどで、「追加注文はございますか？　ラストオーダーになりますが……」といわれた場合も、「もう、けっこうです」ではぶっきらぼう。聞きようによっては、きつい印象になってしまう。「もう十分いただきました」がベストだろう。

不調法《ぶちようほう》なので
●酒が飲めないことをわかってもらいたい

得意先や目上の人から酒を強くすすめられた。こんなとき、「お酒は飲めない体質なんです」と大きな声を出すのも大人げない。では、どういえばいいか？

酒好きにはなかなか理解してもらえないのが、飲めないお酒を強要される苦しさ。得意先との席や目上の人との席で、相手からお酌《しやく》を申し出られた場合など、無下《むげ》に断ると場の雰囲気がぶち壊しになりそうなこともある。

そんなときには、「不調法なので」といえば、それ以上、迫られることはないはずだ。

「不調法」とは、行き届かないとか考え違いという意味。転じて、芸事などのたしなみがないことをいうようになり、さらに転じて、「酒」を飲まない、あるいは体質的に飲めないことを指すようになった。

宴席などで、招いた側が徳利《とつくり》やビール瓶を持って酌をして回ることがある。そんなとき、いくら飲めないからといって、はじめから、杯《さかずき》やコップをテーブルに伏せてしまうと、せっかく盛り上がっている場の雰囲気を損なう恐れがある。

こうした場合は、杯やコップはそのままにしておき、酌をする人が回ってきたら、杯やコップに手でふたをするしぐさをしながら、「不調法なもので」と断ると、スマートだ。

同じく苦手だと伝えたい場合でも、青魚が嫌いだとか、体質的に食べられないという場合には「不調法」は使わない。こうした場合には、ごくふつうに「ごめんなさい。私、青魚がちょっと苦手で……」のようにいう。

6章

会話を味わい深くする古きよき絶妙な言葉づかい

心憎い着こなしのひとつに、〝さし色〟を効かせるというワザがある。ほかの色とは際立った対比を見せる色をピンポイントで使う。それにより、着こなし全体がにわかに生彩を放つようになる、そんな方法だ。

言葉にも、このさし色に似た使い方がある。

たとえば、古くから言い伝えられてきたことわざや、古今の名言、言葉遊びから生まれた面白言葉などを、ここぞというときに、さらりと使うのである。すると、話全体の印象が際立ち、また、話し手の言葉への深い造詣《ぞうけい》も、さりげなく伝えることもできる。

ただ、言葉の意味を正確に把握し、使いどころを心得ていないと、かえって珍妙な結果になりかねない。

この章では、言葉の〝さし色〟として、上手に使いこなしたい言葉を集めてみた。

後ろ髪を引かれる

◉頭の後ろを引っ張られるとどうなる？

出会いもあれば、別れもあるのが人生。心ならずも別れなければならない場合によく使われるフレーズがこれ。どんな気持ちを表現する言葉か、ご存じだろうか？

「さよならだけが人生だ」は、太宰《だざい》治《おさむ》が著書に使って広く知られるようになった言葉だが、オリジナルは唐代の詩人・于武陵《うぶりょう》の詩『勧酒』の一節「人生足別離」。

たしかに、これまで出会い、そして別れた人を指折り数えてみると、それがそのまま人生の歩みと重なり、感慨深い。とりわけ忘れられないのが、「後ろ髪を引かれる」思いで別れた人だ。

後ろ髪を引っ張られると、前に進む足どりが鈍くなったり、よろよろしたりする。未練が残っていたり、別れると決意したものの情が残って、相手の様子が気になってならなかったりというときは、別れると決意しながらも、気持ちは行きつ戻りつするもの。このように、心残りがありながら別れることを「後ろ髪を引かれる思いで別れた」という。

「急な転勤の話が持ち上がり、つき合っていた彼女と別れたんだ。彼女も願っていた仕事についたところだったからね。遠距離恋愛も考えたんだが、おたがい、そんな時間はとれそうもなくて……。後ろ髪を引かれる思いだったよ」などと使う。

折り紙つき

●「折り紙」は、何を象徴しているのか?

社会的に高く評価されたものであるということを、ズバリ表現したいときに、覚えておきたい言葉。でも、折り紙がついているとなぜ、たしかな価値があるのだろう?

「彼のロシア語の実力は折り紙つきだよ」とか、「その書は相当価値が高いと折り紙つきだよ」などと使う。

この場合は、彼のロシア語の実力をだれもが広く認めていることを意味する。「書の価値が折り紙つき」ということは、その書の価値が高いことは鑑定士などにより証明されているという意味。転じて、社会的にその価値や実力がはっきり認められていることを示す。

「折り紙」とは、紙を横半分に折った文書のこと。古くから、公式文書や贈呈品の目録はこの形式の奉紙を使うのが習わしだった。やがて、江戸時代になると、刀剣や書画骨董などの名品を証明する鑑定書にも、「折り紙」が使われるようになり、「折り紙つき」といえば、価値を保証されたものという意味になっていった。

同じように、力や価値があることは証明されているという意味に使われる言葉に「お墨《すみ》つき」がある。「お墨つき」とは室町〜江戸時代、将軍や大名から臣下に与えた領地の保証書のことで、その文書には、将軍や大名の花押《かおう》が黒々と墨書《ぼくしょ》されていた。花押とは、署名を図案化したもので、今日でいう印章の役割を果たすもの。

この黒々とした墨書から、その書類を「お墨つき」というようになり、転じて、力や価値を証明するという意味で使われるようになった。「今度の企画は、わが社のカリスマ企画マンとして知られるS常務のお墨つきだから、会社も力の入れようが違うね」などと使う。

色の白いは七難《しちなん》隠す

●美白化粧品が売れるわけです

浅黒い肌は健康的で魅力的だというけれど、やはり女性にとって、色白肌は永遠の憧れ。その証拠に、といいたいような言葉がこれ。でも、七難ってどんな欠点だろう。

昔から、色白肌の持ち主はそれだけで美しい印象を与え、さまざまな欠点を補ってあまりある……という意味の言葉。

つい最近まで、上流社会の女性の間では、真っ白に顔を塗りつぶす化粧法が主流だった。舞妓や芸者の化粧が真っ白なのも、白化粧のほうが、顔だちの欠点が目立たないからだといわれている。

七難とは、仏がこの世のさまざまな苦難を「七難」と称したことに由来し、たくさんの、さまざまな、という意味になる。細目、鼻ぺちゃ、大口……と欠点を指折り数えて、七つなら、あといくつカバーできるのかな、と数えるのはとんだ見当違いというわけだ。

奥の手
●最後の最後、ここぞというときに使う手のこと

正攻法でぶつかっても歯が立たない相手。そんな相手を切り崩す方法はあるだろうか。まだ、取っておきの手があるというようなとき、その手をなんと表現するか？

「奥の手」とは、「切り札」よりもさらに強力な方法や手段を指す。

「切り札」はトランプ用語で、ほかのすべての札に勝つ力を持つカード。エースやジョーカーがそれに当たる。ここから、「彼は、営業部の切り札だよ」というように、最後に出すために取ってある、もっとも有力な人や手段を「切り札」というようになった。

それよりさらに有効な「奥の手」というと、やはり、担当役員や社長のお出ましを仰ぐということになるのだろう。

「うちの切り札でも太刀打《たちう》ちできませんでした。いよいよ、奥の手を使うほかはありませんね。なんとか、社長にお出ましいただけるよう、ご進言いただけませんか」などと使い、「奥の手」は多くの場合、「最後の手段」と同義語になる。

手前味噌 ―― ●自慢話を聞きやすくするひと言

昔は味噌も各家で手づくりしていた。「手前」とは自分のことで、自分の味噌の味をほめる、というところから、自分の手のうちにあるものを自慢するときなどに使う。

得意先に自社商品を売り込むときなど、「わが社の製品は、耐久性に優れていることでは業界でもいちばんと自信があります」などと胸を張るのもよいが、年長者の前などでは、この言葉の前にひと言、「手前味噌を申し上げるようですが」とつけ加えるといい。

手前味噌とは、自分の家でつくった味噌をいい、その味噌の味を自慢するという意味から転じた言葉。

最近では、「手前味噌ですが……」というと、「自分のことを語る」という意味で使われることも多いようだ。

衣鉢《いはつ》を継《つ》ぐ――●衣《ころも》と鉢《はち》を与えられるのが、なぜ名誉なのか

後継者は血縁にこだわらず、最適任者を選ばないとその後の繁栄は望めない。事業や技芸・思想などを継承することを表す、禅からきた言葉。

「衣鉢を継ぐ」とは、先人の事業や思想などを引き継ぐことを指す。

禅宗では、みずから大悟を得たと確信するまで、足の向くままに各地を行脚《あんぎゃ》し、寺を歴訪して教えを請《こ》い、修行を重ねる。この行脚に必要なのは、墨染めの衣と托鉢《たくはつ》用の器だけ。旅のかかりや食べ物は鉢を持って家々の門に立ち、読経《どきょう》する。その礼にいくばくかの金や食べ物を受け取り、まかなったのだ。

師は、この行《ぎょう》に出向く雲水《うんすい》に、衣と鉢を与えたもの。そこから、師の思いや奥義《おうぎ》を引き継ぐことを「衣鉢を継ぐ」というようになり、転じて、住職や宗派の長の座を引き継ぐことを「衣鉢を継ぐ」というようになった。

さらに、この表現が一般にも広がり、今では宗教に関係なしに、何かを引き継ぐことを「衣鉢を継ぐ」というようになっている。

「社長の衣鉢を継ぐのは、息子の専務らしいよ」「やっぱり、同族経営から抜け出すのは、至難《しなん》の業《わざ》なんだね」などのように、ビジネスシーンでもよく使われる。

恐《おそ》れ入谷《いりや》の鬼子母神《きしもじん》

●「まいりました！」のユーモア表現

ちょっとしたいたずらをしたところ、「あなたがやったのね」と見透かされた…。そんなときなどにこういって詫《わ》びると、みなを笑いに誘い、場の雰囲気も楽しくなる。

「ここに置いておいたおせんべい、食べたのはあなたでしょ」「お見通しだねえ。恐れ入谷の鬼子母神だ」などと使う。

鬼子母神はインドの夜叉《やしゃ》神の娘で、たくさんの子どもを産んだものの、近所の子どもらを次々食べてしまうので人々から恐れられていた。釈迦《しゃか》はこの過《あやま》ちから彼女を救おうと、彼女の末の子の姿を隠してしまう。すると、彼女は激しく嘆《なげ》き悲しんだ。

そこで、釈迦は、「たくさんの子どものなかの一人を失っても、そんなに悲しいものなのだよ。まして一人子を食われたとき、その父母の悲しみはいかばかりだろう」と諭《さと》された。

彼女ははじめて今までの過ちを悔い、釈迦に帰依《きえ》して修行を重ね、安産・子育ての神になり、人々から崇拝されるようになったと伝えられる。

江戸には鬼子母神をまつり、安産・子育て祈願で有名な寺が三つあった。雑司ケ谷《ぞうしがや》、入谷《いりや》、市川《いちかわ》の中山にある鬼子母神だ。うち、入谷の鬼子母神はとくに多くの参拝者で賑わう寺として知られる。この寺と「恐れ入ります」の音が似ているところから、だれいうともなく、「恐れ入ります」というべきところを、「恐れ入谷の鬼子母神」というようになった。

もちろん、ちょっとしたいたずら程度に使うべきで、何げないいたずらのつもりが深刻な結果を招いてしまったときなどには、使ってはいけない。

掌中《しょうちゅう》の珠《たま》 ●一人娘を嫁がせる男親の心中はさぞや…

何よりも大切にしているものを、ズバリ表現する言葉。だが、あまり甘やかすと、珠はとろけ、美しい輝きを失ってしまうのではないかと心配になってくる。

所有する宝のなかでもとくに大事なものは、掌《たなごころ》（手のひらのこと）に入れていつも大事に握りしめていたい。珠とは丸い形をした宝石をいい、転じて、価値のあるもの、貴重なもの、大事なものという意味に使われる。

語源となったのは、唐代の詩人杜甫《とほ》の詩「掌中貪見一珠新」。たいてい、最愛の子ども、とくに娘を指して使われる。

「プロポーズはすんだ。あとは彼女のお父さんに結婚の許しをもらうだけだ」「だが、それが問題だな。一人娘だから、まさに掌中の珠だろう。どんな男性が現れたところで、手離したくない一心から、あれこれケチをつけるだろうからな」などと使う。

同じように、大切にかわいがる様子を「目のなかに入れても痛くない」ともいう。この場合は、子どもや孫など男女を問わず、もう少し広い対象に使われる。

目から鼻へ抜ける

◉頭の回転がきわめて速いこと

ひと口に頭がよいといっても、記憶力にすぐれている、発想が豊かである、理解力があるなどさまざま。頭の回転が速く、気働きにもすぐれている人のことを何という?

「今度の秘書は本当に優秀だね。目から鼻へ抜けるとは、まさに彼女のためにある言葉だよ」。社長が激賞している女性は、どんなふうに優秀なのだろうか。

この秘書は、社長が言葉に出して依頼する前に、すでに必要な書類を整えてあるという。状況から判断して、素早く的確に、必要なものを判断する力を持っているというわけだ。

「目から鼻へ抜ける」とは、目から入ると同時に鼻の穴から出るというほど、頭の回転が速い人、転じて、理解力にすぐれ、利口な人をいう。ただし、この表現は、同じ優秀な人であっても、じっくりと考えを熟して難解な課題の答えを導くというような熟慮型の人には使われないので、使い分けに注意したい。

また、同じ抜けるのでも、「目から入って耳から抜ける」場合は、ただ目で見ただけでなんの知識にもならず、身につかないことをいうので、これも間違えないように。

ごたくを並べる——●どこの会社にもいる、こういうクセのある人

人が聞いていようといまいと関係なしに、自説をとうとうと述べる人がいる。しかも、そうした話が面白かったためしはない。そんな話をひと言で言い表す言葉。

「会長のスピーチが始まった。どうせまた、ごたくを並べているだけだろう？」「だれもろ

くすっぽ聞いてないのに、よくもまあ、長々と続けるものだね」。こんなひそひそ話が耳に入る。

そんなとき、「ごたくを並べるって、いったい何を並べること？」と、言葉の意味を理解できないようでは恥ずかしい。

ごたくとは「ご託宣《たくせん》」、つまり、神のお告げのこと。神のお告げは、たしかにありがたいお言葉であるはずなのだが、実際はもったいぶった内容が長々と続き、うんざりすることも多い。そうしたところから、「ごたくを並べる」とは、あまり内容のないことをくどくどとごたいそうに述べたり、自分勝手なことを偉そうにいいたてたりすることを意味するようになった。

ミスを犯したとき、なぜ、そんなことになってしまったのかをくどくど弁解したりすると、「ごたくを並べるのはもういい加減にして、さっさと対応策を講じてくれ！」などと、かえって怒りをあおったりするだけだ。

この言葉はあくまでも、他人に対して使い、「つまらないことを長々とすみません」というつもりで、「ごたくを並べてすみません」といったりすると、笑われるだけだ。くれぐれも注意したい。

上げたり下げたり

●これではいったい、どっちなのかわからない

最近のマスコミはまったく定見がなくなってしまった。新任の大臣をほめそやしたかと思えば、一か月もたつと足を引っ張り出す。こんな様子をひと言で表現するには？

「上げたり下げたり」とは、ほめたり、けなしたりすること。あることについて同じ人(同じ媒体)が、あるときはほめたたえ、あるときは酷評するというように、評価が一定でなく、いったいどちらなのかわからない場合に使う。

「今度のうちの提供ドラマ、課長は試写会ではサイテーだと腹を立てていたのに、視聴率が取れると、いや、なかなかよくできているよ、なんてコロリ。まったく上げたり下げたりだもんな」などといったりする。

だが、ある新聞はほめ、別の新聞ではけなされたというように、出所が異なり評価も異なる場合には、この表現は使わない。

江戸時代に誕生した歌舞伎《かぶき》の外題《げだい》『助六由縁江戸桜《すけろくゆかりのえどざくら》』に、「おきやァがれ、こいつは人を上げたり下げたり。鳶《とんび》だこのやうにしやァがるな」という台詞《せりふ》があることから、かなり古

くから使われていたことがわかる。

惻隠《そくいん》の情《じょう》

●人に対する哀れみを秘めた最高の心づかい

競争に勝つことを第一義とする社会になってから、情けは自分にかけるものと思っている人が多い。惻隠の情を欠いては、人は心安らいで生きられないと思うのだが…。

「あれだけのミスをしたのに、彼のクビはつながったようだね」「まあ、地方勤務になったけどもね。でも、一応は役職もつき、給与もダウンしなかったようだよ。部長の惻隠の情が働いたのだろうね」

このように使うことからもわかるように、「惻隠の情」とは、相手のことを痛ましく、哀れに思うという意味の言葉である。

もともと人には、相手に対するやさしい同情の心が自然に備わっているとするのが孟子《もうし》の性善説。したがって、孟子は「惻隠の心は仁につながる」、つまり、惻隠の情に従っていると、自然に徳に近づくことができると説いている。

この説をベースにしていることから、「惻隠の情」を使う場合は、単なる同情心ではなく、相手の立場に立って考えるという心情が貫かれていなければならない。深い愛をもって相手を理解しようとする心。「惻隠の情」とは、むしろ、こうした気持ちに近い。

たっての願い——●「立ち上がって願う」ということなのか?

「立ってのお願いでございます。どうぞ、お聞き届けください」と依頼状をしたためたのに、効果はなし。こちらの強い思いはなぜ、伝わらなかったのだろうか。

「素晴らしい演技に会場を埋めた観客全員が立ち上がり、スタンディングオベーションを送った」。こんなシーンを連想しやすいからだろうか、「たっての願い」を「立っての願い」だと思い込んでいる人は珍しくない。

だが、「立って」の表記はもちろん間違い。昔は「達《たっ》て」「強って」なども使われたが、これは当て字。現在では、ひらがなで「たって」と書く。

「たって」の意味は、強いて、無理にも、ぜひとも、切に、など。どうしても聞き入れてほしい強い願いや、依頼事をする場合に使う。ビジネスの場でも「先方のたっての願いを汲《く》んで、一度、取引してみることにしたよ」などと使われる。

石部金吉《いしべきんきち》――●堅い人柄であるのは悪いことではないが…

努力もせずに一獲千金を狙う人と比べれば、堅実な人柄であるのは結構だが、まったく融通《ゆうづう》がきかない人も扱いにくい。そんな人に対して、多少の皮肉を込めていう言葉。

歯の浮くようなお世辞がすらすら出てくるようでも困るが、コチコチ人間も扱いにくい。「石部金吉」とは、こうした度が過ぎた堅物《かたぶつ》や、融通がきかない人のこと。

江戸時代には言葉遊びが盛んになり、何かを人名になぞらえて表現する擬人名が流行《はや》った。石部金吉もそのひとつ。「石」と「金」。どちらもきわめて硬いものだ。この二つを組み合わせ、非常に堅い人物であることをことさらに誇張した表現である。

「そこは多少、色をつけていただけませんか？」「いや、うちの課長はご存じのとおり、石部金吉でなかなか……」のように使えば、「いや、うちの課長はまったく融通がききませんからムリですね」というよりもソフトな印象になる。

擬人名にはほかに、「骨皮筋右衛門《ほねかわすじえもん》」（非常にやせている人）、「飯田左内《いいださない》」（なかなか発言しない人）、「平気の平左《へいざ》」（何があっても平気な顔をしている人）、「小言幸兵衛《こごとこうべえ》」（口うるさくおせっかいな人〉、などがある。

七重《ななえ》の膝《ひざ》を八重《やえ》に折る

●心から詫びるときや懇願《こんがん》するときに

感じのよいおじぎは四五度の角度とか。だが、それ以上に深く礼をする、転じて、ひれ伏すような気持ちで誠意や謝意をなんとか相手に伝えたいときに使う言葉。

社内告発で不祥事が露見《ろけん》し、社長は記者会見の席で「七重の膝を八重に折って謝罪した」といえば、深く頭を下げ、丁重に謝罪の気持ちを表したことをいう。

無理な願い事をする場合にも使われ、「一生のお願いです。どうぞお聞き入れください」と深く頭を下げる様子を〝七重の膝を八重に折って〟といったりする。

人の膝は、もちろん、二つにしか折れない。その膝を、七重に折るほど姿勢を低くしたいという気持ちがある。それをさらに八重に折ってでも、といい、深く深く詫びるとか懇願する気持ちを表現しているわけである。「七重」「八重」という語感の響きが、いっそう印象を強めている。

同じように、語感により意味を強化する表現に「十重《とえ》二十重《はたえ》(に取り囲む)」がある。

愁眉《しゅうび》を開く――●表情がどう変わることをいうのか？

哀しみや悩み事にひたっているとき、人はどんな表情を浮かべるだろうか。その表情が一変、明るく晴れやかな表情に変わることを、詩情豊かに表現する言葉。

中国・唐代の詩人白居易《はくきょい》の詩「楊柳枝」に、次のような一説がある。

「人言柳葉似愁眉　更有愁腸似柳絲……」（人はいう　柳葉は　愁眉に似たると　更に愁腸の柳絲に似たる　有り……）

たしかに愁《うれ》いを帯《お》びた眉は、柳の葉のように細く曲がってたれているように見える。愁眉とは、悲しみに沈んだり、悩み事で心が晴れない顔つきをいう。それを「開く」とは、しかめていた眉を元に戻すことをいい、悲しみや心配事が解消したことを意味している。

「このところ、経営状態の悪化が懸念《けねん》されていたが、新製品の爆発的ヒットによって資金繰りが改善され、経営陣一同、愁眉を開いた」のように使う。

人の価値観とは不思議なもの。この愁いに満ちた表情が美人の象徴のように思われ、女性たちがこぞって真似をしたこともあった。そこから生まれたのが、「ひそみに倣《なら》う」という言葉。

中国・春秋時代、美女の誉《ほま》れ高かった西施《せいし》は、持病のために、いつも眉をしかめていた。この西施の眉の真似をすれば美女に見えると、女性たちはみな眉をひそめるようになったという。つまり、「ひそみに倣う」とは、よし悪しを考えずに人真似をすることを表している。

相好《そうごう》を崩す

●破顔一笑というように、笑いは顔つきを崩すけれど…

とり澄ました美人より、いつも微笑んでいる女性のほうに心ひかれるもの。笑顔に勝る魅力はないからだ。ましてや、相好を崩すなら大歓迎だが、そのわけは?

「相好」とは、顔つき、顔かたちをいう言葉。一〇世紀の仏教説話集『三宝絵』に「一日一夜も仏の一つの相好を念はば」とあるように、「相好」とは、仏の美しく立派な身体的特徴である「三十二相八十種好」を略して生まれた言葉だった。

ここから、「相好」というと、顔かたちという意味に使われるようになったもの。その「相好」を「崩す」とは、顔つきが大きく崩れること。つまり、笑うことをいう。

笑い顔はよく見ると、けっしてバランスのとれた表情とはいえない。目は細くなり、口元にはしわがよる。だが、「崩した」原因は大きな喜びなのだ。その喜びが満面にあふれ、見る人までが嬉しく、楽しい気持ちになってくる。

「厳しい関門だといわれていたA社の企画コンペに勝ったと聞いて、部長は相好を崩して喜んだ」とか、「日頃は謹厳な表情の校長も、お孫さんの話になるとたちまち相好を崩す」のように使われる。

はなむけ

●「はなむけ」とは何を向けるのか?

進学の実績を高めることに必死だったり、父兄に頭の痛い思いをしたり…。いまどきの先生はたいへんだが、せめて卒業時には、生徒の心に残る別れの言葉を送りたい。

旅立ちや新たな出発にあたって、祝福や励ましの思いを込めて贈るものを「はなむけの品」とか、「はなむけの言葉」という。

「はなむけ」の「はな」は、花ではなく鼻。昔の旅には馬が欠かせなかったことから、遠方に旅立つとき、見送る者は、その馬の鼻先を行き先の方向に向けて道中の無事を祈ったもの。この習慣から、「馬の鼻向け」という言葉が生まれ、しだいに略されて「はなむけ」となった。

旅にあたって、道中の費用の足しにとお金を贈ることが多かったことから、いまでは、「餞」の字を当てる。

歓送会の席などで、「では、C君の新任地での活躍を祈念して、ここで、部長からはなむけの言葉を頂戴《ちょうだい》したいと思います」のように使い、最近ではもっぱら、歓送の意や出立《しゅったつ》に際して行なう挨拶を意味するようになっている。

長幼の序

●最近はそのあたりが緩くなっているようで

長じた者は幼い者を慈《いつく》しみ、幼い者は長じた者を尊敬するという考え方。儒教ではとくにこれを重んじ、韓国ではいまもそうした風習が強く残っているという。

語源は、孟子の『滕文公上』にある「父子有親、君臣有義、夫婦有別、長幼有序、朋友有信」である。

かつては、日本でも年長者を敬《うやま》う習慣は社会のすみずみまで浸透しており、年長者に対するときには、おのずと敬語を使ったものだった。だが、最近では、若者ばかりがハバをきかせている、と嘆《なげ》く年長者は少なくない。もっとも、若者側は、敬うに足る年長者がいなくなったといっているが……。

年長者を敬え、という前に、年齢を重ねていくにつれ、それなりの経験と見識を身につけ、成熟の度を進めていきたい。そんな人が増えていけば、おのずと、年長者を敬う気持ちもよみがえるのではないだろうか。

草葉《くさば》の陰 ●あの世から応援したり、喜んだり

昔は、お盆など墓参りの日が近づくと、近親者が草むしりに出かけたもの。墓はたいてい伸びた雑草におおわれていたものだった。つまり、草葉の陰といえば…。

今でも、田舎へ行くと、稲田を見下ろす小高い一角などに墓がある光景を見かける。昔は、自分の家の田畑を見下ろしながら、静かに永遠の眠りにつくことを望んだのだろう。墓のまわりには夏草が勢いよく生《お》い茂っている。

かつては土葬であったから、遺体は文字どおり、草の葉の陰に眠っていた。こうしたこ

とから「草葉の陰」といえば、身は死んでも霊魂《れいこん》となって見守る、応援するという意味で使われるようになった。

ヒット曲『千の風になって』の思いは、昔からだれもが自然に持っていたものだったのである。

したがって、「野球の試合当日ははずせない用事があって、どうしても応援に行けないのです。その代わり、草葉の陰から応援していますから」などと使うのは、とんでもない間違い。

「ご両親、卒業式においでになれないそうですね。でも、きっと草葉の陰で喜んでおられますよ」といったら、相手は激怒したという話もある。当たり前だ。両親は故郷で元気そのもの。店をやっているため、卒業式だからといって店を閉めて出席するわけにはいかないだけなのだ。

もちろん、発言者は「(その場にはいなくても)喜んでおられますよ」という意味のつもり。厚意からこういったのだろうが、結果的には相手の両親を〝殺してしまった〟ことになる。絶対にしてはいけない誤用である。

つつがない

◉健やかに暮らしているかどうかが気がかり

「つつがなくお過ごしのことと存じあげます」とは、年長者からの手紙の冒頭によくある言葉。「つつがないって何がないこと？」なんて首をかしげていないだろうか。

「つつがない」は漢字で書くと「恙ない」。「恙」とは病気や災難、さしさわりなどを意味する言葉。「つつがなし」はそれがないこと。つまり、健やかに日々を過ごしているかどうかを気づかい、尋ねているわけである。

口語ではあまり使われず、手紙の書き出しなどに多く使われる。有名なところでは、聖徳太子が随《ずい》の煬帝《ようだい》に送った手紙の冒頭に「日出づる処《ところ》の天子、日没する処の天子に書を致す。恙なきや」がある。

「つつがない」の語源はダニの一種であるツツガムシから、という説もある。ツツガムシはツツガムシ病という難病を媒介するところから、「ツツガムシに悩まされていないでしょうね（ツツガムシ病にはかかっていないでしょうね）」と相手の健康を気づかったのだ。

ツツガムシ病は、ツツガムシの幼虫に刺されて起こる急性感染症。七〜一〇日の潜伏期ののち、突然、高熱や全身倦怠《けんたい》に襲われてリンパ節がはれ、激痛にさいなまれるというから、抗生物質の発見前は非常に恐れられていたのもわかる。

だが、最近では、ツツガムシ病が歴史に登場するよりもはるかに早い時代から、「恙なきや」と相手の安否をたずねる用法が多く見られることから、「ツツガムシ」語源説は否定されつつある。

水際立《みずぎわだ》つ

●きわだって目立つ様子をいう

多くの人やもののなかでもひときわ目立つこと。相手の行為をほめるときなどに使うと、さりげなく、豊かな表現力の持ち主であることが伝わる。

水は生きていくうえに欠かせない。それだけにつねに身近にあるため、水にまつわる言葉は非常に多い。「水際立つ」もそのひとつ。

「彼は新人にもかかわらず、水際だった演技力を見せ、各映画賞を総なめにした」などと使われる。ひときわ群を抜いて、あざやかに目立つ、という意味である。

本来、水は低いところに自然に集まるもの。川や沼、湖などの水際は水草が生い茂り、はっきりと見えにくいものである。その水際が際立っていることは稀《まれ》にしかない。そこから、こうした意味に転じたのだろう。

したがって、「水際立つ」は、プラスの意味でしか使わない言葉が続く。

遺憾《いかん》に思う——◉いつのまにか、謝罪の言葉として使われているが…

まことに残念である、という思いを伝える言葉。だが、最近は、自分や自分の会社がしでかしたことを詫びるときに使う、おかしな誤用例が増えている。

「遺憾」とは、思いどおりにいかず心残りなこと。つまり、「残念」「気の毒」という意味であり、仕事や勝負で思うような結果を出せなかった場合に、「遺憾に思う」「遺憾千万」などといった。そこには、あきらめきれない心情さえ漂《ただよ》っている。

ところが最近、「遺憾に思う」は、すっかり謝罪の言葉として使われている。なかには、ていねいな謝罪の言葉だと思い込んでいる人も少なくないようだが、とんでもない誤用であることを知っておきたい。

あらためていうまでもなく、不祥事を起こした会社の社長が「遺憾に思います」と頭を下げても、「困ったことですが、私の責任ではございません」といっているのに等しい。聞く側はあっけにとられるだけだ。

仕事でミスをした場合にも、間違っても「遺憾に思います」などといってはいけない。言い訳を並べ立てるよりも、「申し訳ありませんでした」と深く頭を下げるほうが、ずっと潔《いさぎよ》く好印象を与えるものだ。

あとがきにかえて

言葉は、時代により、使われる人により、どんどん形を変えていく。その様子は、言葉のしなやかな生命力を物語ってあまりある。

だが、それと同じくらい、素晴らしい生命力を感じさせるのが、この本にあるような心温まる言葉たちだ。言い伝えられ、今も使われる言葉たちはこうしてまとめてみると、あらためて、うまい言い方だ、心憎い表現だなと、唸《うな》るばかりだ。

こうした言葉は、学校やビジネススクールで身につけるものではない、少し前まで、だれもがごく普通に、日々使い慣れていた言葉であり、家庭や職場でごく自然に伝えられてきたものだった。その流れを涸《か》らしてしまわないためにも、さっそく今日から、一つでも二つでも、心して使うようにしてみよう。

温かなものの言い方は、口にした当人の心をもやわらげ、温めることにも気づかされるだろう。私自身も、書いているだけなのに、気がつくと、ふだんよりやさしく、心地よい気持ちになっていた。

心温まる言葉たちには、そんな素敵な効用も潜んでいることを知っていただきたい。

●本書の執筆にあたり、左記の文献等を資料とさせていただきました――

『懐かしい日本の言葉ミニ辞典』（藤岡和賀夫／宣伝会議）
『続・懐かしい日本の言葉ミニ辞典』（藤岡和賀夫／宣伝会議）
『気になる日本語の気になる語源』（杉本つとむ／東京書籍）
『常識として知っておきたい日本語』（柴田武／幻冬舎）
『日本人なら知っておきたい日本語』（井口樹生／幻冬舎）
『日本人が忘れてしまった美しい日本語』（佐藤勝／主婦と生活社）
『暮らしのことば　語源辞典』（山口佳紀編／講談社）
『日本語語源辞典』（堀井令以知編／東京堂出版）

夢新書のマスコットは"知の象徴"と
されるフクロウです(マーク:秋山 孝)

日本人なら身につけたい
品性がにじみ出る言葉づかい

2008年6月5日 初版発行
2015年3月10日 2刷発行

著者——菅原 圭

発行者——小野寺優

発行所——株式会社河出書房新社

〒151-0051 東京都渋谷区千駄ヶ谷2-32-2

電話(03)3404-1201(営業)

http://www.kawade.co.jp/

企画・編集——株式会社夢の設計社

〒162-0801 東京都新宿区山吹町261

電話(03)3267-7851(編集)

装幀——印南和磨

印刷・製本——中央精版印刷株式会社

Printed in Japan ISBN978-4-309-50343-1

楽しい未知との出会い！　KAWADE 夢新書

血みどろの西洋史 狂気の一〇〇〇年

魔女狩り、拷問、ペスト、異常性愛…中世ヨーロッパの「闇の時代」の真相に迫る！

池上英洋

その時代、ワイン片手に公開処刑を楽しむ民衆の姿があった！狂気の時代の実態とその背景を探る。

(S335)

日本人なら知っておきたい名家・名門

"由緒ある家柄"から日本史を読む方法

武光　誠

宮家、貴族、武家、大名、華族、財閥、宗家など、名だたる一族の歩みから、日本史を俯瞰する本！

(S336)

もっと短時間で仕事を片づける方法

仕事の質もアップ！ムダ時間を削る"最強の時短術"

岡本象太

残業せず、自由な時間を1日2時間ふやすには…？　デキる人は、仕事もプライベートも充実する！

(S337)

読むだけで心から励まされる言葉

くじけそうな時、悩み迷う時――

藤原　歩

壁を乗り越えてきた人たちが、残してくれた信念、信条の名文句！「生きる」ことの意味を知る本。

(S338)

仏教とじかにふれ合う本

より深く自分を知り、仏を知る方法――

鈴木永城

座禅や読経、写経、札所めぐり、そして仏像との対坐…。自分を見つめなおす"仏教体験"のススメ！

(S339)

「本当の私」をうまく伝える方法

上司や同僚…人間関係に、もっと自信がもてる本

最上　悠

「自分は理解されていない！」という不安と不満…そんな悩みを解消し、「自分の出し方」がわかる！

(S340)